Ficha Catalográfica

(Preparada na Editora)

Baduy Filho, Antônio, 1943-

B129n   *Novas Histórias* / Antônio Baduy Filho, Espíritos Hilário Silva e Valérium. Araras, SP, 1ª edição IDE, 2013.
　　　　256 p.
　　　　ISBN 978-85-7341-597-1
　　　　1. Espiritismo 2. Psicografia - Mensagens I. Silva, Hilário. II. Valérium. IV. Título.

CDD-133.9
-133.91

Índices para catálogo sistemático:

1. Espiritismo 133.9
2. Psicografia: Mensagens: Espiritismo 133.91

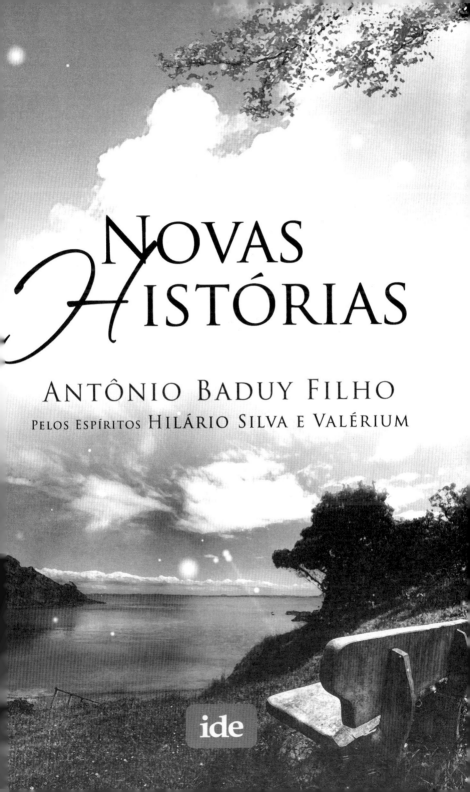

ISBN 978-85-7341-597-1
1ª edição - outubro/2013

Copyright © 2013,
Instituto de Difusão Espírita - IDE

Conselho Editorial:
Hércio Marcos Cintra Arantes
Doralice Scanavini Volk
Wilson Frungilo Júnior

Projeto Editorial:
Jairo Lorenzetti

Revisão de texto:
Mariana Frungilo

Capa:
César França de Oliveira

Diagramação:
Maria Isabel Estéfano Rissi

INSTITUTO DE DIFUSÃO ESPÍRITA - IDE
Av. Otto Barreto, 1067 - Cx. Postal 110
CEP 13600-970 - Araras/SP - Brasil
Fone (19) 3543-2400
CNPJ 44.220.101/0001-43
Inscrição Estadual 182.010.405.118
www.ideeditora.com.br
editorial@ideeditora.com.br

Todos os direitos reservados. Nenhuma parte desta publicação pode ser reproduzida, armazenada ou transmitida, total ou parcialmente, por quaisquer métodos ou processos, sem autorização do detentor do copyright.

Sumário

Os capítulos de números ímpares são de autoria do Espírito Hilário Silva, e os de números pares são do Espírito Valérium

Novas Histórias - Hilário Silva e Valérium.. 11
1 - Tolerância 12
2 - Conhecer-se 13
3 - Felicidade conjugal 15
4 - Exemplo 17
5 - Lição repentina 19
6 - Nosso Natal 22
7 - Ideias materialistas 24
8 - Saber e paciência 26
9 - Conversa à tarde 28
10 - Retribuição 30
11 - O documento 32
12 - O carro e o fio 34
13 - A revelação 36
14 - Estudar e agir 38
15 - A ajuda 40
16 - Pequeno recurso 42
17 - O incrédulo 44
18 - Fé robusta 46
19 - A dor 48
20 - O socorro 50
21 - O besouro 52
22 - Seguidor do Evangelho 54
23 - Fé esquecida 56
24 - Salvação 58

25 -	A faladeira	60
26 -	A máquina	62
27 -	Os pássaros	64
28 -	Os quadros	66
29 -	A mancha	68
30 -	Trabalho cristão	70
31 -	A conferência	72
32 -	Pomar da vida	74
33 -	Semente do bem	76
34 -	Vaso sagrado	78
35 -	Conversa na assistência	80
36 -	Luz divina	82
37 -	Verdade científica	84
38 -	Lealdade	86
39 -	A fratura	88
40 -	Círculo estreito	90
41 -	O jejum	92
42 -	Escola abençoada	94
43 -	Depois	96
44 -	Hoje	98
45 -	Encontro inesperado	100
46 -	Sublime vacina	103
47 -	Perda de tempo	105
48 -	Pão divino	107
49 -	Escova de dente	109
50 -	Verdade sublime	111
51 -	Pés limpos	113
52 -	O prédio	115
53 -	Médium curado	117
54 -	Desperdício de tempo	119
55 -	Conversão	121
56 -	Os brincos	123
57 -	As desculpas	125
58 -	Bons frutos	127
59 -	A multiplicação	129
60 -	Serviço maior	131
61 -	O acidente	133

62 - O espetáculo 135
63 - O protesto 137
64 - Renovação íntima 139
65 - A grande tarefa 141
66 - O livro 143
67 - A boa decisão 145
68 - O negócio 147
69 - Mau costume 149
70 - As nuvens 151
71 - A visita 153
72 - O lar 154
73 - Campeão da caridade 156
74 - O carrilhão 158
75 - Força do exemplo 160
76 - Julgamento 162
77 - O testemunho 164
78 - Prestação de contas 166
79 - A agressão 168
80 - Dois cenários 170
81 - Leis 172
82 - O assento 174
83 - O apoio 176
84 - O sorvete 178
85 - A notícia 180
86 - O debate 182
87 - Irmão humilde 184
88 - O piano 186
89 - O auxílio 188
90 - Cenário renovado 190
91 - A recordação 192
92 - Escalada 194
93 - O orador 195
94 - Árdua batalha 197
95 - O aviso 199
96 - A epidemia 201
97 - Dificuldades em casa 203
98 - Negócio fácil 205
99 - A falha 207

100	-	O charco	209
101	-	Opinião espiritual	211
102	-	O garimpeiro	213
103	-	Passeio na praça	215
104	-	Alegria do cristão	217
105	-	O guarda-chuva	218
106	-	Atitude impensada	220
107	-	O aguilhão	222
108	-	O engenheiro	224
109	-	O esmeril	226
110	-	Corrigenda	228
111	-	A noitada	230
112	-	As luminárias	231
113	-	Prece oportuna	233
114	-	O preparo	235
115	-	A mensagem	236
116	-	Diagnóstico	238
117	-	O conto	240
118	-	A formatura	242
119	-	A pedra	244
120	-	Recuperação	246
121	-	Intercessão	247
122	-	O jovem	249
123	-	Ajuda providencial	251
124	-	Com Jesus	253

Novas Histórias

Capítulos ímpares são de autoria
Espírito Hilário Silva

Capítulos pares são de autoria
Espírito Valérium

Todos através do médium
Antônio Baduy Filho

Novas Histórias

*A*migo leitor, as páginas do livro que oferecemos a você trazem novas histórias, recolhidas de fatos reais, disfarçados no anonimato necessário.

São vivências do dia a dia, onde a experiência de cada personagem, relatada com simplicidade e comentada à luz do bem, ensina o respeito às leis divinas.

Esperamos que essa colaboração despretensiosa seja útil a seu esforço de aperfeiçoamento íntimo, sempre de acordo com os ensinamentos do Evangelho e com a bênção de Jesus.

HILÁRIO SILVA E VALÉRIUM

Ituiutaba, 31 de março de 2012

1

TOLERÂNCIA

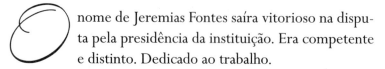 nome de Jeremias Fontes saíra vitorioso na disputa pela presidência da instituição. Era competente e distinto. Dedicado ao trabalho.

No dia da posse, as palavras do novo diretor semearam esperança e contentamento.

— Irmãos — dizia Fontes —, unamo-nos na paz do Senhor para a realização do bem. No trabalho em equipe, salientemos a sinceridade e a cooperação. Cultivemos, sobretudo, a tolerância. Nada de crítica e censura. Aprendamos a compreender e encorajar.

Aplausos. Sorrisos de aprovação. Frases de alegria.

Entretanto, logo após o encerramento da cerimônia, dirigiu-se imediatamente à encarregada da limpeza e, à vista de todos, disparou-lhe veemente reprimenda, porque notara, no recinto, algumas poucas teias de aranha penduradas no teto.

2

CONHECER-SE

 s primeiras manifestações da doença, mobilizou-se toda a equipe médica.

Anotações minuciosas.

Exame geral e criterioso.

Pesquisas laboratoriais.

Radiografias inúmeras.

Por fim, o diagnóstico e as providências imediatas ao cuidado necessário.

Conheçamo-nos a nós mesmos.

Se para o conhecimento da enfermidade física se movimentam todos os recursos possíveis, buscando tratamento e segurança, não se justifica o descuido com respeito às necessidades do Espírito.

Utilizemo-nos do exame de consciência.

Sirvamo-nos da autocrítica.

E, após concluirmos pela deficiência a ser tratada, recordemos que o Divino Médico apontou, no Evangelho, todos os procedimentos adequados à renovação espiritual.

3

FELICIDADE CONJUGAL

O professor Abelardo Siqueira – eminente cidadão na comunidade e espírita convicto – fora convidado a proferir duas importantes conferências, abordando o tema da felicidade conjugal.

Levou a sério o empreendimento. Pesquisou com afinco. Estudou, consultando bibliografia extensa. Psicólogos. Sociólogos. Médicos.

No dia da primeira conferência, o professor saboreava grande vitória. O público exultava. Acompanhava-lhe as palavras com emoção.

Ao final, Siqueira concluía:

– O segredo do casamento bem-sucedido está na paciência. Sofrer com resignação. Tolerar com alegria. Compreender sempre. A felicidade conjugal depende exclusivamente de nosso esforço.

Estrepitosa salva de palmas encerrou a reunião.

Entretanto, no dia seguinte, o professor não compareceu. Cinco minutos. Quinze minutos. Meia hora de atraso.

Alguém se movimentou à procura do conferencista, e pouco depois a notícia caiu como uma bomba.

O professor Siqueira não poderia estar presente naquela noite, porque na véspera, por ter retornado mais tarde à casa, não suportara as reclamações da esposa que, após discussão e sopapos, necessitou internação hospitalar para tratamento de uma fratura, enquanto Abelardo Siqueira, desde então, esquecera-se de todos os compromissos para providenciar, junto a seu advogado, o processo de separação.

4

Exemplo

No grande salão, repleto por numerosa assistência, o orador se estendia em conceitos evangélicos. Exaltou a caridade e se referiu à resignação, mostrando as excelências do amor ao próximo e evidenciando a sublimidade da fraternidade pura.

Ressaltou o perdão incondicional e alinhou os resultados da compreensão mútua, comentando a infelicidade do ataque colérico e provando os benefícios da paciência.

Censurou a vingança

Verberou o rancor.

Exaltou a tolerância.

Quando, porém, após o encerramento da reunião sob enormes aplausos, o orador se dirigia a seu automóvel, entre despedidas afetuosas, observou que a antena do rádio fora danificada.

Explodiu em fúria.

Exigiu informações.

Falou na presença da polícia.

E, batendo fortemente a porta do carro, arrancou-se com violência, resmungando ainda que o autor do prejuízo pagar-lhe-ia bem caro.

Exemplifiquemos aquilo que apregoamos.

Quase sempre, a grande surpresa dos expositores do Evangelho, quando chegam ao mundo espiritual, é exatamente constatar que, durante a existência terrestre, falaram e ensinaram bastante, contudo, fizeram muito pouco.

5

LIÇÃO REPENTINA

Tarde de domingo. Cidade de São Paulo. Parque Trianon.

Aulus Vieira caminhava pelas alamedas. Cabisbaixo e amargurado, pensava nas dificuldades que a vida lhe reservara. Morava com a mãe e a irmã em apartamento nos arredores.

A tarde já ia avançada, anoitecia. A lua cheia surgia no céu claro, e as primeiras estrelas começavam a brilhar. De vez em quando, uma ou outra nuvem cobria o disco prateado e as folhas, quase douradas pelo estio prolongado, caíam das árvores, batidas pela brisa fresca do outono tardio.

Acomodado entre o verde à sua volta, o jovem mergulhou novamente em suas meditações. Há quatro anos perdera o pai, assumindo a responsabilidade da família. A mãe e a irmã sofriam de doença hereditária, o que lhes ocasionava terríveis padecimentos.

Consumido pelos pensamentos dolorosos, meditava nos mistérios da vida e indagava aflito:

— Por que tudo isso?

E acrescentava, revoltado:

— Deus não existe. Um Deus-Pai, justo e bom, não me reservaria tal destino, cravado de torturas e aflições.

Subitamente, gritos de criança lhe despertaram a atenção. Abatido, olhou em volta e percebeu a menininha que acabara de chegar, acompanhada da babá. Aulus esboçou leve sorriso.

— Será que ainda sobra alguma alegria dentro de mim? pensou.

Chamou carinhosamente a criança e lhe deu alguns caramelos, dos muitos que trazia no bolso.

A pequena festejou o presente e gritava, dando pulinhos de alegria. De repente, voltou-se de novo para o rapaz e, tocando-lhe os joelhos com as mãozinhas perfeitas, disse com voz carinhosa:

— Sabe quem fez a lua lá em cima? E as estrelas também? Foi Papai do Céu. Ninguém mais dá conta de fazer!

Aulus se surpreendeu com a lição repentina. O ensinamento lhe bateu forte na cabeça. Começou a raciocinar. Iluminou-se. Lágrimas banharam as faces emagrecidas. A menininha o acordara inicialmente dos pensamentos amargurados, com sua chegada exultante de felicidade. Agora, despertava-o para a vida inteira. Como não pensara nisso? Estivera tão mergulhado nos próprios problemas, que não mais percebia o mundo à sua volta. Era verdade. Quem mais poderia ter feito aquela majestade toda? A lua e as estrelas no céu ainda claro, como uma rainha, cercada de súditos? Enxugou o rosto e pensou em voz alta:

— Deus existe, sim. Eu não O enxergava nas maravilhas da Criação, só enxergava a mim mesmo.

Levantou-se, renovado. Tomou novamente o caminho de casa, pegou o último caramelo que ainda trazia no bolso da blusa e a própria vida lhe pareceu que era mais doce.

6

NOSSO NATAL

Naquela manhã diferente do mês de Natal, os cooperadores da instituição espírita se preparavam para a distribuição de presentes aos irmãos mais necessitados.

O vento sussurrava de modo diverso, e suave música de meditação enchia o pátio e as vizinhanças, chegando até a campina verdejante das proximidades.

Na hora determinada, iniciou-se a distribuição de alimentos, roupas, calçados, doces, brinquedos.

As crianças sorriam com a espontaneidade da inocência, e as pessoas se alinhavam em organizada e silenciosa fila, traduzindo com respeitoso silêncio a gratidão por aqueles momentos de alegria.

Quando o movimento já chegava ao fim, os responsáveis por tamanha emoção e júbilo se reuniram no recinto enfeitado da assistência para trocar impressões sobre a luminosa manhã de fraternidade. O encontro, porém, acabou em troca de acusações.

Opiniões amargas.

Palavras ásperas.

Discussão exaltada.

Logo, o comentário simples se transformou em referência descaridosa e esta, de um salto, tornou-se ofensa.

Por fim, aqueles colaboradores, que haviam trabalhado tanto em nome da caridade, foram embora mergulhados em profundo descontentamento.

Espírita, não há dúvida de que a época do Natal é tempo de paz e felicidade, que nos aproxima uns dos outros, em distribuições aos mais necessitados. Ninguém pode negar o valor do alimento e da roupa, do brinquedo e do calçado, ofertados em nome de Jesus, no mês que celebra seu nascimento.

Contudo, é importante entender que a alegria que damos aos irmãos carentes só poderá estar conosco, se permitirmos que Jesus nasça em nosso coração a fim de que o Natal que fazemos aos outros seja também o nosso Natal.

7

IDEIAS MATERIALISTAS

— Não posso acreditar que Luiz Fernando tenha cometido tal loucura.

Segismundo quebrou o longo silêncio. Repetiu ainda uma vez o desabafo e esperou que João lhe dissesse alguma coisa. O acompanhante comentou:

— Calma. Não perca a esperança. Quem sabe nem tudo está perdido.

Ambos eram amigos há muitos anos. Tinham visões diferentes de vida, mas nutriam verdadeira fraternidade um pelo outro.

Segismundo Fontes era professor de filosofia. Cultura avantajada. Polemista vibrante. Adepto de ideias materialistas. Preocupava-se com a vida presente, com o conhecimento, mas também com os prazeres materiais. Não pudera admitir a imortalidade da alma, nem a existência de uma vida espiritual. João Costa era o oposto. Espírita convicto. Homem ponderado e bom. Exemplo vivo das ideias que professava.

O diálogo se desenrolava na pequena sala de espera do centro cirúrgico do hospital. Fizera-se novo silêncio. João orava e meditava nos acontecimentos. Luiz Fernando era o filho mais velho do amigo e amava igualmente os prazeres imediatos da vida. Aferrara-se às ideias materialistas do pai. Não se preocupava com religião, não buscava explicações para as disparidades da vida. Revoltava-se com o sofrimento humano, que não explicava, mas afogava-se nas noitadas de prazer, sufocando sua capacidade de pensar. Há uma semana, consultara o médico em virtude de pequena e escura tumoração na coxa. Feitos os exames, constatou-se que o câncer já ia avançado. Não se conformara com o diagnóstico.

Nesse momento das recordações, João enxugou uma lágrima.

Tivera muita pena do rapaz, de seu sofrimento. Não surtiram efeito as conversas com o moço que estava engolfado em profunda revolta. Muitas vezes, alertara Segismundo sobre o perigo das ideias materialistas. Vão bem com a alegria e o prazer. Nos momentos de sofrimento e provação, são espinhos venenosos. Só subsistem com a felicidade ilusória e passageira, mas sucumbem ao mais leve sopro de adversidade.

Contudo, de nada adiantaram as advertências. Até que ocorreu o inesperado. Naquele dia, após escrever longa carta ao pai, na qual dizia que a vida era para gozar e não sofrer, Luiz Fernando disparou a arma na cabeça.

Estava na sala de cirurgia. Havia poucas esperanças de que sobrevivesse.

8

Saber e paciência

s alunos esperavam ansiosamente a aula. A matéria era complicada, e a professora havia se preparado com esmero.

Fez resumos para sua orientação.

Sintetizou assuntos importantes.

Elaborou quadros sinópticos.

Logo, começou a falar. Discursou com eloquência e expendeu conceitos claros. Enquanto discorria sobre o tema, alicerçou argumentos em fatos reais, referiu-se a estudos respeitáveis e projetou imagens para maior elucidação.

Terminada a exposição brilhante, interrogou os alunos sobre alguma dúvida. Quando, porém, um deles lhe solicitou que repetisse determinado trecho da aula, ficou transtornada.

Censurou o aluno.

Falou em desinteresse.

Referiu-se a desatenção.

E, após uma saraivada de palavras ásperas, retirou-se da sala.

O saber não dispensa a prudência, pois não adianta possuir um tesouro de conhecimentos se não dispomos sequer de um vintém de paciência, na hora de transmitir, ao próximo, essa riqueza.

9

CONVERSA À TARDE

— Morreu, acabou.

Antônio Ramos provocava o amigo ao seu lado.

— Pois, quanto a mim — respondia José Pereira —, continuo convencido de que a alma vive após a morte. Mantém a individualidade. Colhe lá o que plantou aqui. Defeitos. Qualidades. Paz ou sofrimento.

Ramos e Pereira eram amigos desde o curso universitário. Ambos médicos. Ramos, com a ideia singular de que a alma, após a morte, diluía-se na energia universal. Pereira, espírita desde a juventude. Por longos anos, os dois amigos vinham polemizando a respeito da imortalidade da alma. Troca de ideias. Discussões exaustivas. Nenhum, porém, demoveu o outro da própria ideia.

Naquela tarde do feriado, estavam na praça principal, onde se realizaria a comemoração do aniversário da cidade.

Enquanto esperavam o início das festividades, prosseguiram o debate.

Ramos apontou a praça e voltou à carga:

— Veja a multidão, Pereira. São muitos e é uma só. O que somos no meio dela? Não nos perdemos, qual gota d'água misturada ao oceano? Assim ocorre com a alma quando a morte chega. Ela se mistura à energia universal, perdendo suas próprias características. Da mesma forma que nós, agora. Não somos mais do que a multidão, não somos nós mesmos.

Nesse momento, aproximou-se de ambos uma pessoa idosa e falou, emocionado:

— Doutor Antônio Ramos, que prazer encontrá-lo aqui!

O médico não reconheceu o antigo cliente. Ele se apresentou:

— O senhor me atendeu há muitos anos com bondade e atenção. Consulta gratuita e ainda me forneceu os remédios. Jamais esqueci seu gesto de caridade. Deus o abençoe sempre.

Quando o visitante inesperado se despediu e afastou, Pereira falou com energia:

— Ora, Ramos, então você não é nada, hein? Está perdido e misturado à multidão? O antigo cliente acabou de provar que, apesar de pequena gota neste oceano, você ainda é você. Não perdeu a identidade. É o que ocorre com a alma, após a morte. Volta ao mundo espiritual, mas ainda é ela mesma.

Ramos recebeu o choque da argumentação sólida e racional e, enquanto Pereira gargalhava com a surpresa do colega, ficou pensativo, muito pensativo.

10

Retribuição

jovem senhora olhou a prateleira com aflição.
Não havia alimento.
Pensou nos filhos.

Chorou copiosamente.

Lembrou-se da benfeitora.

Procurou, então, a conhecida de longa data, expôs a situação de miséria e pediu ajuda urgente. A bondosa mulher a serenou com poucas palavras e preparou uma doação em quantidades generosas.

Alimentos variados.

Roupas e calçados.

Quantia de dinheiro.

A jovem ficou exultante. Agradeceu, emocionada, tão providencial auxílio.

Quando já estava em casa, a vizinha do lado lhe bateu

à porta e pediu pequena porção de açúcar, como empréstimo. A jovem desconversou, falou em dificuldades e, alegando estar ocupada, despachou a vizinha.

Quantas vezes também agimos assim.

Pedimos a ajuda de Deus e somos gratos pelo socorro, mas quando Deus nos solicita o apoio em favor do próximo, fugimos à responsabilidade.

11

O DOCUMENTO

Justino Matos era presidente da instituição e, naquela noite, dirigia importante assembleia.

Na hora marcada, tocou a campainha sobre a mesa, pediu silêncio e começou a falar, cerimonioso:

— Irmãos, antes do início de nossas atividades, peço ao senhor secretário que leia a ata da reunião anterior.

Houve constrangimento na ponta da mesa. Zeferino, o secretário, levantou-se e, com humildade, esclareceu que havia esquecido o livro de atas, mas já providenciara alguém para trazê-lo rápido. Que esperasse um pouco mais.

Ao ouvir a explicação, proferida em tom de desculpa, o presidente tocou novamente a campainha e voltou a falar, agora irritado:

— Tenho o desprazer de comunicar que o senhor secretário, em atitude imperdoável, esqueceu-se de trazer o livro de atas.

Antes que prosseguisse, foi abordado pela vice-presidente ao seu lado:

— Justino, tenha indulgência. Isto pode acontecer a qualquer de nós.

O diretor, visivelmente contrariado, interrompeu a fala da companheira e voltou à carga:

— Tenho dito sempre que a desorganização é um atraso. Não se pode esquecer peça tão importante e fundamental para a reunião.

Após comentar o episódio por mais alguns minutos e, já tendo chegado o livro de atas, Justino falou novamente:

— Iniciemos agora a importante reunião de hoje. Trata-se de documento que me veio ás mãos e é necessário que seja conhecido e discutido por todos.

Enquanto falava, levou a mão a um bolso do paletó para tomar o documento. Procurou, e não achou. Pesquisou em vão todo o paletó. Depois, afobado, levantou-se e vasculhou todos os bolsos do terno.

Não encontrou nada. Corado e constrangido, ficou olhando os presentes, paralisado. Havia esquecido o documento.

12

O CARRO E O FIO

Estacionado diante da praça, o carro chamava a atenção. A cor vermelha lhe ressaltava a beleza e o estilo esportivo lhe dava encanto especial.

Os vidros com discreta coloração protegiam do sol e as rodas com pneus largos davam a aparência de grandeza.

O interior era confortável com espaço amplo, painel sofisticado e bancos reclináveis, revestidos de estofamento rico. O veículo trazia ainda outras novidades.

Metais reluzentes.

Faróis elegantes.

Desenho moderno.

Motor possante.

Entretanto, na hora da partida não funcionou, embora as tentativas inúmeras e as verificações seguidas de combustível certo e bateria carregada.

Com a presença do mecânico, o defeito foi logo descoberto. Era obscuro e escondido fio que se desconectara, cortando a eletricidade necessária ao funcionamento. Novamente ligado, o carro arrancou com garbo.

Não desprezemos a pequena tarefa.

Quase sempre sonhamos com grandes missões, ansiosos por admiração e prestígio, esquecidos de que pequenos detalhes são essenciais para a realização de trabalhos importantes, da mesma forma que o carro possante precisou de humilde fio, para desfilar toda a sua beleza na avenida.

13

A REVELAÇÃO

Há mais de trinta anos, Laudelino Saraiva prestava serviços ao Centro Espírita. Era diretor da assistência fraterna. Trabalhador e gentil. Bondoso e prestativo.

Naquela noite, após o encerramento da reunião, Laudelino solicitou da diretoria alguns minutos para troca de ideias. Faria aniversário na semana vindoura e tivera a ideia de reunir familiares e amigos, para uma prece no recinto do Centro.

Os companheiros acederam à conversa e, por mais de uma hora, discutiram a solicitação inusitada. Após demoradas considerações, Matias, o diretor-presidente, tomou a palavra e falou, convicto:

— Laudelino, você sabe da amizade e consideração que nutrimos por você. Mas lhe rogamos que pondere um pouco mais a respeito dessa ideia. Centro Espírita é casa de trabalho, não se deve prestar a cerimônias de natureza pessoal. Pedimos que medite sobre o assunto e amanhã falaremos a respeito.

Após as despedidas, Laudelino foi para casa, magoado. Esperava maior compreensão dos companheiros. Ao deitar-se, orou fervorosamente. Pediu a inspiração do Alto. Orientação dos benfeitores espirituais.

Embalado pela prece, viu-se de repente no recinto do Centro que tanto conhecia. Assustou-se com o número enorme de necessitados. Doentes em macas. Velhos trêmulos que recebiam o amparo de irmãos solícitos. Mulheres cambaleantes, suplicando socorro.

Nesse momento, percebeu que alguém se aproximava, reconhecendo nele o diretor espiritual da Casa. Emocionou-se. Queria falar, mas não podia. O benfeitor lhe dirigiu a palavra, benevolente:

— Veja, Laudelino, a multidão de necessitados, invisível aos olhos físicos. Aproveitamos a ausência de nossos companheiros encarnados para intensificar o serviço de auxílio. Nossa Casa é contínua oficina de trabalho.

Nesse ínterim, Laudelino sentiu estranha força a envolvê-lo e acordou sobressaltado.

Compreendeu a revelação que tivera e tomou a decisão.

No dia seguinte, comunicou aos companheiros que, na data de seu aniversário, reuniria a família e os amigos em sua própria casa.

14

Estudar e agir

Convidado a discorrer sobre determinado tema espírita no campo da renovação íntima, o conferencista se preparou com bastante antecedência.

Buscou extenso material. Além de consultar o Evangelho, frequentou bibliotecas e pesquisou vários livros, reunindo os dados colhidos.

Estudou com afinco.

Fez anotações inúmeras.

Escreveu a conferência.

Na véspera do grande dia, resolveu conferir o trabalho e observou que alguns apontamentos haviam desaparecido.

Procurou longamente.

Revolveu gavetas.

Discutiu com a esposa.

Desacatou a empregada.

Após algum tempo, percebeu que o papel desaparecido marcava página de um dos muitos livros que consultara.

Tal situação acontece conosco quando não agimos de acordo com o que conhecemos.

Exemplifiquemos, pois, na vida diária, as lições do Evangelho que estudamos e ensinamos a fim de não sermos semelhantes às caixas de som, que nada têm em si mesmas, mas apenas reproduzem a melodia que outro fez.

15

A AJUDA

Após a reunião de estudos na instituição espírita, Camilo e Nataniel caminhavam vagarosamente de volta à casa, impressionados ainda pelas lições estudadas.

O tema versado fora a caridade, o serviço do bem. Sucederam-se comentários enriquecedores. Apartes estimulantes. Opiniões esclarecedoras. No final, a conclusão objetiva de que o amor ao próximo e a ajuda ao necessitado são bússolas preciosas no trajeto evolutivo de todos.

Camilo comentava, desanimado:

— Que tenho eu para oferecer ao próximo? Nem dinheiro, nem saber. Sou uma nulidade.

Nataniel respondia:

— Não é verdade. Ainda que desprovidos de recursos, sempre temos algo de nós mesmos para ofertar a alguém.

A conversa prosseguia nesse tom, quando chegaram à praça, próxima à rua em que ambos residiam.

Passava das vinte e três horas. O vento anunciava chuva pesada.

Ao atravessarem o centro da praça, junto ao coreto, depararam com pobre homem, já idoso, encolhido e gemendo baixinho.

Algumas perguntas depois, os dois companheiros se inteiraram da situação. O desconhecido estava de passagem pela cidade, mas fora acometido de forte dor no peito. Estava sem recursos. Não conhecia ninguém. Na baldeação, perdera o último ônibus.

Após rápida troca de ideias com o amigo, Camilo usou o telefone público mais próximo e solicitou a ambulância do serviço de saúde. Em pouco tempo, o socorro estava consumado.

Reiniciando a caminhada, reataram o assunto que vinham discutindo, e Nataniel ponderou:

— A riqueza e o saber são preciosas ferramentas a serviço do bem. Contudo, para socorrer agora nosso irmão, não precisamos de dinheiro, nem de cultura. Só de boa vontade e disposição para servir.

Camilo ouviu em silêncio, limitando-se a sorrir com amizade e gratidão.

16

Pequeno recurso

Durante todo o dia, o empresário trabalhou com grande agitação.

Recebeu auxiliares em reunião pela manhã e, em seguida, vistoriou algumas fábricas de sua propriedade.

Mais tarde, esteve na Bolsa de Valores para lances ousados e fez rápida viagem de negócios no avião particular, entabulando empreendimentos de vulto.

Contactou clientes.

Visitou autoridades.

Telefonou ao exterior.

Ao final do dia, de volta ao lar, acusava forte dor de cabeça e mal-estar.

Irritabilidade.

Mau humor.

Indisposição.

Isolamento.

Por sugestão da esposa, tomou pequeno comprimido. Algum tempo depois, estava aliviado.

Não desprezemos o pequeno recurso.

Às vezes, passamos a vida inteira envolvidos por grandes iniciativas, esquecidos de que, em muitas ocasiões, pequena providência nos devolve a alegria e o bom ânimo.

17

O INCRÉDULO

— Fé é muleta. Não creio em nada. Só acredito em mim e é o bastante.

Eram palavras de Joaquim Afonso. Conversava com o amigo Sidônio, sentados sob frondosa árvore, aproveitando o frescor da tarde de folga.

Sidônio retrucava:

— Você está enganado. Fé é confiança, é ligação com as forças superiores da vida. Quem não a cultiva, está desligado do Bem Supremo, está apartado da esperança.

A discussão prosseguia, quando Joaquim Afonso de repente gemeu alto. Pontada nas costas. Não podia se mexer. Empalideceu. O menor movimento despertava intensa dor.

Sidônio, percebendo tratar-se de lombalgia aguda, tentava acalmar o amigo que, quase aos berros, pedia, exasperado:

— Um médico, por favor. Quero um médico.

— Fique tranquilo, vou providenciar.

E, enquanto dava os primeiros passos, Sidônio não resistiu ao comentário:

— Bem, pelo menos você começou a crer em alguém.

18

FÉ ROBUSTA

 jovem, deitado e imóvel, inspirava profunda compaixão.

Braços enfaixados.

Rosto queimado.

Peito em carne viva.

Pescoço inchado.

Curativos no corpo.

Além do infortúnio pessoal, em recente incêndio, vivia angustiante drama familiar com o pai doente e senil, a mãe idosa e cansada. Na mesma casa, moravam ainda os sobrinhos pequenos, a irmã desequilibrada e o irmão deficiente.

Entretanto, a cada pessoa que o visitava, o jovem tinha palavras de coragem e alegria. Transmitia bom ânimo e indicava confiança no Alto.

E na despedida, sorrindo, ainda dizia:

— Tenhamos fé em Deus. Nada acontece por acaso. Conservemos a alegria interior.

A fé robusta é tônico poderoso do Espírito.

Mesmo quando a provação mais dolorosa nos surpreende, a fé em Deus e no futuro é permanente claridade de esperança e paz.

19

A DOR

O doutor Ambrósio Antunes era ardoroso defensor da Doutrina Espírita, mas detestava os trabalhos mais simples de assistência fraterna e espiritual. Dado a grandes voos literários, à filosofia e à ciência. Estudioso. Culto. Orador arrebatado.

Naquela noite, após a reunião costumeira, durante conversa amigável, Ambrósio aproveitou a ocasião para falar:

— Temos que alterar o trabalho do Centro. Só passes e leituras evangélicas não bastam. É preciso aprimorar o conhecimento. Como está, temos apenas lições de consolo sem aprendizado mais amplo.

Feliciano, companheiro e amigo, respondia com atenção e paciência:

— Concordo que ciência e filosofia são importantes, mas nossos companheiros são pessoas simples. É preciso dosar o conhecimento. Além disso, muito deles são doentes, outros passam por provações dolorosas. As leituras evangélicas, os comentários simples e os passes são conforto e esperança. O Evangelho é roteiro de luz. Qual de nós, estando em sofrimento, não gostaria de amparo e carinho?

O orador, porém, retrucava:

— Não aceito. Sou pela cultura.

A conversa prosseguiu por algum tempo, até que Ambrósio se sentiu mal. Dor no peito. Suores frios. Tonteira forte. Foi amparado pelos companheiros, que logo providenciaram socorro médico.

Contudo, enquanto os amigos se movimentavam com presteza para conduzi-lo ao hospital, podia-se ouvir o murmúrio de Ambrósio, entre os gemidos:

— Quero uma prece... quero um passe...

20

O SOCORRO

lhando o casebre e seus ocupantes, a senhora ficou profundamente condoída e providenciou compras para entrega imediata, sem preocupação de gasto.

Geladeira e televisão.

Fogão e lavadora.

Camas e colchões.

Lençóis e toalhas.

Agasalhos e cobertas.

Além disso, sortiu a despensa com generosidade. Alimentos e temperos. Verduras e legumes. Doces e frutas.

Na semana seguinte, voltando ao local, encontrou tudo ao relento, enquanto os adultos e as crianças da casa mastigavam alguns doces, sentados junto à porta. Era impossível acomodar tudo aquilo no pequeno casebre e o desconhecimento com relação aos utensílios era quase total.

Ajudemos, sim, nossos irmãos em necessidade.

Entretanto, saibamos conciliar bondade e raciocínio, a fim de que o socorro não se transforme em pesadelo.

21

O BESOURO

Durante quase uma hora, José Eustáquio dissertou sobre o comportamento do espírita em várias situações da vida. Era orador convincente. Palavra fácil.

A certa altura, exortou, enfático:

— Evitemos, sobretudo, gritos e escândalos. Por que dramatizar acontecimentos? Por que elevar a voz, incomodando os que estão à nossa volta? Cultivemos equilíbrio. Tenhamos sensatez.

Quando encerrou a palestra, estava visivelmente satisfeito. Suas palavras haviam agradado aos presentes.

Após a reunião, Eustáquio era o centro das atenções e conversava animadamente. Já era mais tarde, e o vento soprava forte. Relâmpagos. Trovões. De repente, faltou luz e começou estridente gritaria. Era a voz de Eustáquio, que exclamava aos berros:

— Socorro, socorro! Estou sendo agredido na cabeça!

A confusão era total. Quando, pouco depois, a luz voltou, Eustáquio estava agachado debaixo da mesa e gritava ainda, pela última vez, a palavra socorro. A cena causou surpresa geral.

Restabelecida a calma, descobriu-se que, durante a escuridão, um besouro chocara com a cabeça de Eustáquio.

O conferencista, que havia feito brilhante palestra sobre o equilíbrio nas atitudes diárias, permaneceu o resto do tempo calado, sem graça.

22

Seguidor do Evangelho

Durante todo o dia, o gerente da grande loja trabalhou com afinco. Mesmo antes do expediente ao público, transmitiu aos ajudantes esclarecimentos seguros.

Sugeriu providências.

Orientou o trabalho.

Atendeu solicitações.

Resolveu problemas.

Presidiu a abertura das portas.

Com a chegada dos clientes, manteve presença pessoal em todos os setores, organizando prateleiras, controlando os estoques e dando ordens objetivas.

Acolheu os fregueses com paciência e ouviu reclamações com tolerância, dirimindo dúvidas e tomando providencias.

Apoiou colaboradores.

Evitou embaraços.

Espalhou tranquilidade.

Durante todo o tempo, foi o companheiro amigo e o orientador calmo e firme. No final do dia, encerrado o expediente, tinha a serenidade de quem cumprira o dever com eficiência e proveito.

Consideremos nosso papel como discípulos de Jesus no mundo, onde cada um de nós tem responsabilidade definida.

Abraçando o Evangelho, como roteiro de vida, sejamos o companheiro capaz de amar, ajudar e orientar, a fim de que, no término dos compromissos, nossa consciência esteja tranquila, por ter servido em nome do Cristo, sem trair-lhe a confiança.

23

FÉ ESQUECIDA

Naquela noite, durante a reunião de estudos, Aureliano tecia comentários a respeito da fé. Falava com eloquência. Argumentava. Emocionava-se. A certa altura, dizia:

— Irmãos, confiemos na Providência Divina. Alimentemos sempre a esperança. Quanto mais seja escuro o caminho, mantenhamos acesa a chama da fé. Aprendamos a aguardar a manifestação da Misericórdia Divina. Não duvidemos jamais da sabedoria de Deus, qualquer que seja o sofrimento e a dor que nos acometam. O padecimento de hoje pode ser o remédio amargo que há de nos fornecer melhores dias no futuro.

Ao terminar a palestra, os presentes chegavam às lágrimas. Era de admirar-se tamanha convicção com respeito à fé.

Após o encerramento da reunião, e já em casa, Aureliano recebeu da esposa uma notícia desagradável. Não fora aprovado em concurso, que prestara há poucas semanas, visando a um cargo de relevância em determinada empresa de prestígio.

Aureliano se transfigurou. Não esperava por isso. Clamou contra o destino. Irritou-se. Deu murros na parede. Considerou-se desamparado por Deus.

A esposa procurou interferir com paciência e bondade:

— Aureliano, não se desespere. Não perca a confiança no Alto.

Nesse momento, Aureliano se lembrou da palestra. Envergonhado, parou de repente e, sentando-se ao pé da esposa, recordou as palavras sobre fé, que com tanto entusiasmo pronunciara ainda há pouco. Chorando baixinho, começou a orar.

24

SALVAÇÃO

paciente pediu providências ao médico e solicitou sua intervenção salvadora. Iniciou, então, longo percurso de procedimentos.

Entrevista detalhada e história da doença. Em seguida, exames de imagem, dosagens laboratoriais e pesquisas intermináveis.

Com a análise minuciosa de todos os dados, houve a indicação de delicada cirurgia. O paciente enfrentou as preocupações naturais desses momentos e, depois do ato cirúrgico, passou dias inteiros de desconforto.

Movimentação difícil.

Aplicações dolorosas.

Instrumentação incômoda.

Dieta com cardápio rígido.

Renúncia a vários alimentos.

Durante a avaliação do tratamento, ainda precisou se submeter a controles desagradáveis. Contudo, após algum tempo, estava curado e satisfeito.

※

Alguma coisa semelhante acontece conosco.

Rogamos a Deus providências que nos favoreçam o crescimento espiritual, e o Senhor nos oferta o aprendizado cirúrgico do sofrimento e das dificuldades angustiantes.

Compreendamos, pois, o valor educativo e salvador das provações e entreguemo-nos aos cuidados de Jesus, o Divino Médico, na certeza de que o futuro nos espera com a paz e a felicidade.

25

A FALADEIRA

Dona Chiquinha era companheira antiga na instituição. Frequentadora assídua e ativa. Tomava parte nas tarefas de assistências fraterna, prestando eficiente serviço aos menos favorecidos.

Trabalhadora atuante e disposta. Tinha, porém, o mau costume de comentar sobre a vida dos outros. Nada lhe escapava. Qualquer fato de que tomasse conhecimento, logo passava adiante em conversas de pé de ouvido. Era faladeira.

Maricota, a amiga de muitos anos, observava sempre:

— Chiquinha, muita conversa acaba mal. Somos servidores de Jesus e a nós compete a iluminação íntima. De que adiantam gestos exteriores de bondade e dedicação se ainda trazemos, dentro de nós, a leviandade vestida de maledicência? Tenhamos cuidado com o que semeamos e cultivamos.

Contudo, ela não dava importância às ponderações e continuava falando.

Certa tarde, quando se preparava a sopa aos necessitados, um homem e uma mulher chegaram juntos à instituição, pedindo para falar com dona Chiquinha. Ao serem informados de que ela estava ocupada na cozinha, exaltaram-se. Reclamaram em alta voz que o assunto era urgente. Sabiam que ela estava ali.

Ao ouvirem o vozerio lá fora, as companheiras acorreram logo para saber o que se passava. Pediram calma e explicações. Então, ficaram sabendo que o bairro estava cheio de boatos sobre aquelas duas pessoas e elas, após minuciosa pesquisa, descobriram que tudo começara de um comentário de dona Chiquinha.

As amigas contemporizaram a situação. Solicitaram tolerância e entendimento. E, após muitos argumentos, conseguiram contornar o problema.

Quando o casal foi embora, voltaram à cozinha e, procurando pela companheira, só puderam encontrá-la algum tempo depois, escondida nos fundos do quintal, tremendo e com os olhos arregalados.

26

A MÁQUINA

No campo agreste, reclamando cuidados, a máquina nova provocava admiração. As cores vivas e as faixas cromadas lhe davam imponente beleza.

Cabine confortável.

Sinalização abundante.

Equipamentos sofisticados.

Manejo rápido e eficiente.

Logo, entrou em serviço e preparou a área para a plantação, arrancando tocos e eliminando as alterações do terreno.

Revolveu a terra.

Distribuiu o adubo.

Semeou os grãos.

Durante todo o período de trabalho, sofreu inúmeras agressões, enquanto fazia a manutenção da lavoura, impedindo o crescimento das pragas e ervas daninhas.

Pintura arranhada.

Pneus danificados.

Colisões e pancadas.

A máquina precisava de reparos e ajustes no funcionamento. Entretanto, ao fim de certo tempo, o campo agreste havia se transformado em extenso tapete dourado, pronto para a colheita.

Assim ocorre na vida conjugal.

A princípio, sonho e fantasia. Contudo, ao encontro das dificuldades próprias da tarefa em andamento e do resgate das dívidas contraídas, a união de esforços sofre trombadas e arranhões, necessitando dos ajustes da paciência e do amor, a fim de que, no término dos compromissos, possam ser colhidos com sucesso os frutos do trabalho conjunto.

27

OS PÁSSAROS

*J*ovelino era companheiro de muitos anos na instituição. Bom amigo. Inteligente. Cultura razoável.

Embora profissional liberal com largas possibilidades de êxito, tinha verdadeira alergia ao trabalho. Dependia de parentes e amigos para suas necessidades de vida.

Naquele dia, conversava com o amigo Silvério em um dos inúmeros bancos na praça principal da cidade. Final de tarde fresca. Céu límpido. Muitos pássaros anunciando o fim do dia.

Silvério insistia na argumentação:

— Jovelino, é preciso trabalhar. O trabalho confere dignidade e permite reunir recursos para os dias de hoje e do futuro.

Ao que Jovelino respondia, sorridente:

— Qual nada! Deus provê as necessidades.

E, apontando os pássaros, continuou:

— As aves do céu não plantam, nem colhem. No entanto, sobrevivem.

Ao olharem os pássaros, os dois amigos observaram interessante cena. Um passarinho perseguia tenazmente um inseto.

Ficaram assistindo ao duelo por algum tempo e, quando o pássaro apanhou a presa e voou para uma árvore próxima, eles se levantaram e foram até lá. Descobriram, então, que havia um ninho com dois filhotes, bicos abertos, esperando a refeição.

Silvério não perdeu tempo e falou:

— É verdade, Jovelino, os pássaros não plantam, nem colhem, mas trabalham da mesma forma. De que outra maneira sobreviveriam se não buscassem o próprio alimento e construíssem seu ninho? O inseto não veio voando para os bicos dos filhotes. O passarinho lutou muito para consegui-lo.

E, para espanto do outro, arrematou:

— Não devemos usar as palavras de Jesus para justificar a preguiça e o comodismo. O Mestre sempre trabalhou e, como estamos vendo, os pássaros não se inquietam com o futuro, mas agora trabalham para sobreviver.

Diante da argumentação do amigo, Jovelino se calou e, daí em diante, ficou muito pensativo.

28

OS QUADROS

Na sala decorada com elegância, a coleção de quadros causava admiração.

Pintores de vários estilos.

Molduras de raro bom gosto.

Paisagens de enorme beleza.

Jogo de cores com habilidade.

Naturezas mortas.

Jardins e cascatas.

Arbustos graciosos.

Figuras humanas expressivas.

Flores delicadas.

Arvoredos e montanhas.

Enfim, conjunto de pinturas com assinalado valor e grande conteúdo artístico.

Contudo, para que permanecessem expostos, cada um possuía pequena haste metálica por trás, presa a simples prego escondido na parede.

⁂

Se você detém tarefa humilde na obra do bem com Jesus, não imagine que seu trabalho careça de importância.

As grandes realizações só se sustentam em virtude do esforço silencioso e humilde de trabalhadores abnegados e anônimos.

29

A MANCHA

Desde que se desentendera com um companheiro na instituição, Manoel se tornou arredio. Não ia mais com frequência às reuniões de estudos e ultimamente havia até desaparecido.

Era companheiro trabalhador. Eficiente. Ativo. Bom irmão.

A discussão se dera por quase nada, mas o desentendimento cresceu, especialmente por causa da dureza de Manoel.

Naquele dia, encontrara-se casualmente com o amigo Sandoval. Abraçaram-se. Permutaram notícias. O amigo lhe cobrou a longa ausência.

Manoel, com a fisionomia entre sem graça e triste, respondeu:

— Desde aquele dia tenho estado doente. Fui ao médico duas vezes e ainda não me sinto bem. Acho difícil voltar às nossas reuniões. Sinto-me culpado por todo o problema, poderia ter sido mais tolerante e compreensivo. Mas também fui muito ofendido. Estava com a honra e a alma manchadas.

Apesar da insistência do amigo, Manoel estava renitente.

Caminhavam devagar, enquanto a conversa prosseguia. E, quando se deram conta, estavam diante de uma lavanderia. Levados pelo mesmo impulso, ambos leram a placa em letras garrafais: "Tiram-se manchas. Serviço garantido"

Sandoval tocou o amigo e falou, convicto:

— Aqui se removem manchas de roupas. A solução para as manchas da honra e da alma está nos ensinamentos de Jesus. O Evangelho é o melhor removedor de manchas da vida interior.

Manoel riu da comparação do amigo. No dia seguinte, porém, compareceu à reunião.

Após desculpar-se com o companheiro da discussão, tomou parte nas tarefas e trabalhou como nos velhos tempos.

O removedor de manchas havia funcionado.

30

Trabalho cristão

rande parte do prédio estava em chamas, e pessoas aflitas acenavam das janelas, aguardando ajuda.

Edifício alto e moderno, cercado de enormes labaredas e grossos rolos de fumaça.

Vidraças estilhaçadas.

Calor insuportável.

Densa neblina.

A equipe de salvamento trabalhava ativamente e empregava arriscado esquema de socorro, chegando às alturas e beirando o incêndio.

Dirigia jatos de água.

Resfriava as paredes.

Os bombeiros enfrentavam a fúria do fogo e salvavam vidas. Muitos saíam feridos, outros estavam chamuscados e escurecidos pela fuligem, mas tranquilos pelo cumprimento do dever.

Após várias horas de trabalho árduo, o fogo foi debelado e a batalha vencida.

A luta do bombeiro contra o fogo tem muito a ver com a peleja do trabalhador cristão. O servidor de Jesus experimenta os conflitos do mundo e enfrenta as chamas da incompreensão e da agressão gratuita.

Sofre o ataque do fogo das paixões, do orgulho e da vaidade.

Intoxica-se com a fumaça venenosa do sarcasmo e da calúnia.

Contudo, perseverando no trabalho do bem com dedicação, acaba por vencer a batalha entre manifestações de paz, esperança e alegria.

31

A CONFERÊNCIA

O doutor Joaquim Moreno era brilhante intelectual e participava do grupo de estudos há bom tempo. De cultura vasta e palavra fácil, era obcecado por conferências.

Qualquer iniciativa de trabalho no setor de assistência fraterna aos mais necessitados não contava com ele. Se o assunto, porém, era torneio intelectual, ali estava ele, firme. Não admitia ser colocado à margem de qualquer empreendimento dessa natureza. Oferecia-se sem cerimônia. Amava brilhar na tribuna.

Um dos companheiros mais íntimos tentava alertá-lo:

— Joaquim, nem só da palavra vive o Evangelho. Ninguém nega o valor da preleção em torno dos ensinamentos evangélicos, mas é preciso aplicar as lições de Jesus na vida diária. Busquemos a prática do bem, principalmente aos mais desafortunados.

Entretanto, Joaquim se fazia de surdo aos conselhos do amigo e prosseguia interessado apenas na atividade intelectual.

Em certa ocasião, foi convidado por cidade vizinha a integrar círculo de conferências a respeito da caridade. Quando chegou sua vez, empolgou-se como sempre, alinhando frases de grande efeito:

— Pratiquemos a caridade. O bem é o oxigênio da alma. Enxuguemos as lágrimas dos infelizes com o lenço da compaixão. Plantemos, no deserto do sofrimento, o jardim da misericórdia.

E, assim, foi enunciando frases e mais frases, encantando a todos.

Após o término da palestra e da calorosa salva de palmas, a palavra ficou livre para quaisquer perguntas ao conferencista. No meio da assistência, levantou-se uma senhora de aspecto simples, falando com humildade:

— Doutor Joaquim, o senhor fala da caridade com grande conhecimento de causa. Permita-nos fazer algumas perguntas. Temos aqui pequena obra de assistência aos menos favorecidos, mas as incertezas são muitas.

E citou enorme lista de dúvidas no setor assistencial.

Joaquim ficou encabulado, pois nunca se interessara por nada, a não ser palestras. Cada pergunta lhe aumentava o desespero, até que explodiu de indignação, desabafando em voz alta:

— Falei tudo o que tinha de falar. Se não entenderam, a culpa não é minha...

Sem deixar tempo para qualquer reação dos presentes, levantou-se depressa e, para espanto de todos, abandonou o recinto, resmungando.

32

POMAR DA VIDA

No pomar, a árvore mostrava sinais de degeneração.

O tronco soltava cascas apodrecidas, os galhos estavam retorcidos e infestados de parasitas. Os ramos abrigavam inúmeros insetos e as folhas amarelavam, caindo com facilidade.

O pomicultor, percebendo o desastre iminente, tomou logo providências.

Borrifou inseticida.

Desbastou o tronco.

Utilizou o podão.

Tratou a copa doente.

Retirou galhos secos.

Espalhou o adubo.

Diariamente, dispensava-lhe atenção e cuidados. Após

algum tempo, a árvore se recuperou e reagiu com vigor, dando frutos com abundância.

⁂

No pomar da vida, todos somos árvores doentes e Jesus é o Celeste Pomicultor.

Trazemos as cascas podres da vaidade e do orgulho, carregamos insetos e parasitas da maledicência, mostramos as folhas amareladas do desânimo e do desespero.

Contudo, o Mestre Divino nos acode com os recursos do Evangelho, ofertando-nos a esperança nas provações e o estímulo renovador na peleja de cada dia.

Agora, cultivar com esforço a renovação íntima e produzir os frutos do bem, isto depende exclusivamente de nós.

33

Semente do bem

O coronel Alberto possuíra, outrora, grande fortuna e poder. Fora cidadão influente na comunidade. Entretanto, acontecimentos infelizes levaram-no à quase penúria.

Vivia, agora, de pequena renda. Viúvo, morava só. Os filhos residiam fora e vinham visitá-lo apenas em ocasiões especiais.

Naquela tarde, alguém foi à sua casa. Desejava lhe falar. O coronel, sempre hospitaleiro, convidou-o a entrar. Após os cumprimentos, o jovem desconhecido explicou:

— Coronel, o senhor não se lembra de mim, mas lhe devo grande favor. Há muitos anos, morei nesta cidade, filho de família bastante pobre. Um dia, com fome e sem dinheiro, apanhei algumas quitandas sem pagar. Foi uma confusão enorme. O senhor estava por perto e, certamente condoído de mim, pagou a dívida. Retirou-me do local e me deu um conselho que jamais esqueci. Após censurar meu ato impensado, o senhor disse: "menino, se quiser vencer na vida, seja honesto". Sempre me lembrei de suas palavras e, por isso, agradeço-lhe de coração. Trabalhei, estudei e hoje exerço uma profissão. Tenho esposa, três filhos e vivo muito bem. Devo tudo ao senhor. Deus lhe pague.

Após o relato, o coronel estava em lágrimas.

Tivera fortuna, poder, posição social e tudo isto já não existia, mas a semente do bem, que plantara no coração daquele menino, esta não se acabara. Ali estava, transformada em planta vigorosa.

34

Vaso sagrado

Durante todo o dia, o nervosismo se apoderara do homem de negócios. Logo de manhã, intolerante e irritado, discutiu com um cliente.

Na hora do almoço, em casa, magoado com desajustes familiares, desentendeu-se com a esposa, trocando com ela ásperas palavras.

À tarde, em pleno expediente da casa bancária, tomou conhecimento de que algumas providências em seu favor não foram tomadas. Agiu com indelicadeza e ofendeu o gerente.

Pronunciou desaforos.

Fez perguntas ácidas.

Esbravejou impropérios.

Despencou reclamações.

Gritou diante de todos.

Tomado de terrível cólera, começou a passar mal e caiu,

inconsciente. Levado ao hospital, constatou-se que o forte desequilíbrio emocional levara à crise hipertensiva e sofrimento cerebral.

⁂

Frequentemente, quando falamos sobre as agressões ao corpo físico, referimo-nos apenas aos desequilíbrios materiais e excessos de toda natureza.

Entretanto, é preciso cuidar igualmente do equilíbrio emocional. Impaciência, irritação, cólera, são venenos psíquicos que prejudicam a saúde, comprometendo o vaso sagrado, através do qual o Espírito experimenta provas redentoras e executa tarefas nobilitantes, aperfeiçoando-se, a caminho de Deus.

35

CONVERSA NA ASSISTÊNCIA

— É tudo inveja!...

Dona Bininha desabafava, exaltada, com a amiga Salete. Era colaboradora assídua da instituição beneficente. Trabalhava. Agia. Ajudava. Tinha, porém, o costume de falar o que não devia. Naquela oportunidade, estava magoada com uma das companheiras.

— Calma, Bininha — retrucava a amiga —, temos que ser tolerantes uns com os outros. Cada um tem a sua tarefa.

A conversa acontecia no galpão da assistência, onde ambas ocupavam um banco mais afastado. Dezenas de pessoas aguardavam auxílio. Crianças. Velhos. Mães com bebês no colo.

Dona Bininha, contudo, não se conformava e, fazendo uma careta, prosseguiu:

— Ninguém faz tanta caridade, quanto eu. E aquela invejosa, o que faz? Vive de pintura no rosto e vestido da moda.

Conversa o tempo todo. Fica exibindo-se, acha que sabe tudo.

Nesse momento, Salete lhe interrompeu o discurso ressentido e argumentou:

— Bininha, reconhecemos o valor de seu trabalho, presente em todos os setores de nossa instituição. Realmente, você faz muita caridade, mas falta uma.

A colaboradora se levantou de um salto. Colocou as mãos na cintura e, num tom de voz que misturava curiosidade e surpresa, perguntou, irritada:

— E qual é?

A amiga sorriu com bondade e calmamente respondeu:

— É a caridade da língua.

36

LUZ DIVINA

Em plena noite, na estrada distante e isolada, o carro parou de funcionar e, apesar de todo o esforço do motorista, nada se pôde fazer.

Eram necessárias algumas providências, mas estava tudo escuro em volta e a estrada sumira totalmente na treva que fazia do matagal, ao lado, um monstro ameaçador.

Silêncio angustiante.

Ambiente estranho.

Ruídos eventuais.

Clima aterrorizante.

Ausência de lanterna.

Após espera, que parecia interminável, o horizonte começou a clarear, e logo a luz do sol inundou toda a região, enquanto os pássaros cantavam alegremente.

A estrada apareceu novamente em grande extensão, e

o matagal, antes ameaçador, transformou-se no conjunto de árvores frondosas, balançando ao carinho da brisa.

O defeito do carro foi reparado, e o motorista seguiu viagem, satisfeito. Tudo mudara com a presença da luz.

Assim somos nós, antes e depois do Evangelho.

Longe dos ensinamentos de Jesus, estamos imersos na escuridão dos enganos. Contudo, à medida que assimilamos as lições do Senhor, a claridade do bem dilui a treva de nossas imperfeições e a luz divina transforma nossas vidas em cânticos de esperança e amor.

37

VERDADE CIENTÍFICA

— O que vale mesmo é a verdade científica.

Paulo Moreira tentava encerrar a discussão.

Era cirurgião de renome e negava qualquer outro conhecimento que não se assentasse na pesquisa científica.

O amigo Savélio contestava:

— Não é bem assim, Paulo. A verdade é um todo, e a Ciência é apenas um aspecto dela. Filosofia e Religião são também ângulos da verdade.

Ao que o médico retrucava, exaltado:

— Nada disso. A opinião científica é que tem valor.

A discussão prosseguia sem perspectiva de solução. Conversavam no alpendre da residência de Paulo ao entardecer.

Em determinado momento, entrou no recinto, o filhinho de Paulo, que apontou para as últimas réstias de luz no poente e exclamou, maravilhado:

— Olhe, papai, o sol andou o céu todo e está indo embora.

Ambos riram da observação da criança, mas Savélio sentiu que a ideia lhe fervilhava na cabeça e tomou logo a palavra:

— Você sabe, Paulo, que a frase de seu filho já foi verdade científica há muitos séculos atrás. Pensava-se que a Terra era o centro do universo e que o sol girava em torno dela.

Paulo percebeu o argumento lógico do amigo, e a discussão, que parecia não ter fim, acabou naquele momento.

38

LEALDADE

Durante todo o tempo, ele se comportou como verdadeiro cristão.

Esteve presente nas reuniões de estudos evangélicos e visitou os enfermos e os necessitados, dispensando passes e leituras evangélicas aos que lhe solicitavam o amparo.

Esteve em instituições de caridade, prestando a colaboração possível e estimulou a participação de companheiros no trabalho de assistência fraterna.

Colaborou em campanhas.

Confortou enfermos.

Distribuiu alimentos.

Amparou gestantes.

Providenciou remédios.

Teve todo o tempo dedicado aos mais legítimos serviços de atendimento no bem, mas ao ser aconselhado a buscar serviço profissional, a fim de prover à própria subsistência com dignidade, ficou furioso, alegando que não podia trabalhar, porque estava muito ocupado em servir a humanidade.

Tenhamos lealdade ao pensamento evangélico e atendamos às responsabilidades da vida conosco e com o semelhante.

É isto que significa amar o próximo como a si mesmo.

39

A FRATURA

Otaviano Brandão estava inconsolável. Há muito tempo, vinha suplicando a Deus vida mais fácil e feliz. No entanto, parecia um capricho. Depois disso, os sofrimentos aumentaram. Dificuldades financeiras. Enfermidades. Provações dolorosas.

O amigo Teófilo procurava esclarecê-lo:

— Não pense assim, Otaviano. Deus é Pai Amantíssimo e só deseja a felicidade dos filhos. A dor é caminho para o aperfeiçoamento e a serenidade. Este é o recurso divino.

— Mas, de que maneira? — redarguia Otaviano, inconformado. — Como esperar felicidade dentro de tanto sofrimento? Deus me esqueceu.

Conversavam na manhã de domingo enquanto as crianças brincavam na praça. De repente, um grito de dor. Correram ambos. O filhinho mais novo de Otaviano se machucara e chorava muito. O pai percebeu algo errado e logo o conduziu ao hospital.

Após o exame médico e as radiografias, constatou-se fratura óssea, necessitando tratamento cirúrgico.

Teófilo acompanhou o amigo durante todo o tempo. Agora, aguardavam o término da cirurgia.

Otaviano estava ainda mais queixoso:

— Está vendo? É um problema atrás do outro.

O amigo mantinha a calma de sempre e aproveitou a oportunidade para mais esclarecimentos:

— Saiba que vejo muita semelhança entre sua vida e tudo o que ocorreu hoje. Seu filho se machucou e pediu socorro. Você agiu com rapidez, embora sob os protestos dele. Teve de segurá-lo para o exame médico. Quase precisou usar a força para obrigá-lo a fazer radiografias. E, ainda há pouco, deixou-o nos braços da enfermeira, a caminho da sala de cirurgia e ele gritava que você o abandonara, embora seja pai amoroso e bom. Quer vê-lo recuperado e feliz, mas ele não percebe isso. Você me entendeu, não? Deus é o Pai Infinitamente Bom e Justo e só quer o bem dos filhos. Se você sofre é porque a dor favorece sua evolução espiritual, levando-o à felicidade verdadeira.

A contragosto, Otaviano teve de aceitar o raciocínio do amigo. Deus não o havia esquecido.

40

CÍRCULO ESTREITO

Durante a semana inteira, ele cumpriu religiosamente suas obrigações.

Todos os dias, esteve à testa dos negócios com disciplina e pontualidade, atendendo clientes e empregados com respeito e justiça.

Pagou impostos.

Resgatou dívidas.

Cumpriu prazos.

Em casa, dispensou atenção e carinho à esposa, cobriu de mimos todos os familiares, acompanhou os filhos ao parque de diversões e ao cinema. Empenhou-se para que nada faltasse.

Provisionou a despensa.

Adquiriu utilidades.

Providenciou reparos.

Escolheu passeios.

Entretanto, quando alguns amigos o convidaram a visitar um bairro pobre da cidade, para ajudar família necessitada com algumas providências urgentes, recusou, alegando que tinha a própria vida e a própria família.

É lógico que sentimentos nobres significam progresso moral. Contudo, não basta restringi-los ao círculo estreito da consanguinidade, pois o "amai-vos uns aos outros", pelo qual Jesus aceitou o sacrifício na cruz, visa, exatamente, transformar toda a humanidade em única e grande família.

41

O JEJUM

Leocádio Batista ingressara nas hostes espíritas, mas trazia ainda muitas marcas da antiga crença.

Era homem bom. Sério. Cumpridor das obrigações. Entretanto, jejuava com frequência, a pretexto de melhorar o Espírito e alcançar objetivos nobres.

Os amigos mais íntimos tentavam dissuadi-lo da necessidade de tal procedimento.

— Cuide da saúde — diziam eles. — O corpo físico é instrumento sagrado do Espírito. Através dele, distribuímos o bem, aperfeiçoamos nosso interior, trabalhamos pelo próximo e progredimos.

Leocádio, no entanto, apesar de bom conhecimento das novas ideias que abraçara, ainda estava excessivamente aferrado a antigos hábitos.

Na época do Natal, a entidade programou uma distribuição aos necessitados. Alimentos. Roupas. Calçados. Brinquedos. Cada membro da equipe de trabalho assumiu determinada responsabilidade. A Leocádio coube a campanha de brinquedos.

Na véspera da distribuição, os companheiros se reuniram para o preparo da festividade. Quase todas as bancas de gêneros a serem distribuídos estavam prontas, exceto a de brinquedos. Leocádio não apareceu.

Esperaram certo tempo e, como o companheiro não desse qualquer notícia, foram até sua casa. Estava acamado. Doente. Intensa fraqueza. Ouviram, então, a explicação. Desde o dia em que recebera a incumbência da campanha de brinquedos, Leocádio intensificou o jejum para que a distribuição de Natal alcançasse todo o êxito. Não tivera disposição para trabalhar. Sentia-se fraco. Não concluiu a campanha.

Os companheiros trocavam olhares surpresos, quase não acreditando no que ouviam. O jejum de Leocádio havia impedido as crianças pobres de receberem seus brinquedos na festa de Natal.

42

ESCOLA ABENÇOADA

Decidido a prosseguir os estudos, o jovem se mudou para outra cidade, renunciando à presença da família. Matriculou-se em curso intensivo com pesada carga horária.

Aulas teóricas e práticas.

Estudo sem descanso.

Ausência de diversões.

Enfrentou toda a sorte de dificuldades e raramente visitou a própria cidade. Contudo, quando foi aprovado no concurso, sentiu-se imensamente feliz e recompensado.

A reencarnação é escola abençoada e, matriculados nela, assumimos inúmeros compromissos.

Reajustes familiares.

Resgates do passado.

Provações dolorosas.

Tarefas a executar.

Entretanto, conseguindo manter trabalho, disciplina, dever retamente cumprido e perseverança no bem, somos aprovados no concurso da própria consciência, e a felicidade que nos espera é tão grande, que as dificuldades do caminho são prontamente esquecidas e superadas.

43

Depois

O doutor Jordelino Santos assumira novas ideias de vida e, a partir daí, tornara-se um entusiasta da assistência aos menos favorecidos.

Era médico competente. Pessoa agradável. Frequentava com assiduidade as tarefas da instituição a que se vinculava.

Um dia, solicitou encontro com os diretores. Desejava expor sua opinião a respeito do atendimento aos necessitados. Na oportunidade, fez longo arrazoado. Em essência, disse:

— Irmãos, a vida é muito curta para o tanto de bem que precisamos realizar. O mundo está carregado de doenças, sofrimento, miséria e desequilíbrios. Proponho-me, como médico e companheiro, atender gratuitamente os necessitados nessa instituição. Desejo contribuir com o trabalho de amor ao próximo. Se os companheiros concordarem, estou pronto, como soldado do Cristo, a lutar em favor da caridade.

Os diretores aplaudiram a ideia e construíram na instituição, até com sacrifício, pequeno cômodo para o singelo consultório.

Jordelino começou a dar consultas. Estava lá diariamente. Mas, aos poucos, começou a apresentar sinais de desânimo. Os problemas eram sempre os mesmos. Queixas. Reclamações de miséria. Sofrimento. Doenças intermináveis. Em pouco tempo, o médico rareou o atendimento para três vezes na semana. Em seguida, passou a atender apenas aos sábados. Depois ... desapareceu.

Os companheiros da instituição resolveram visitá-lo para saber o que estava acontecendo. Foram encontrá-lo, em manhã de domingo, bem à vontade no jardim da casa, cuidando de mais de uma dezena de gatos. Logo que os viu, o médico se adiantou e, sem dar tempo sequer para os primeiros cumprimentos, foi logo falando com alguma exaltação:

— Se vêm aqui por causa do atendimento na instituição, perderam tempo. Não volto lá, nunca mais. Prefiro cuidar de gatos, que não me queixam miséria, não falam de doenças, não reclamam de dor.

E diante dos companheiros, mudos de espanto, deu-lhes as costas, entrou em casa e fechou a porta.

44

HOJE

Quando amanheceu o dia, o verde da lavoura surgiu à luz do sol. Havia muito que fazer, aproveitando o estio para cuidar da plantação.

Homens no campo.

Máquinas a postos.

Eliminação do mato.

Combate às pragas.

Cobertura de adubo.

Durante todo o tempo, a atividade foi intensa. Ao final do dia, concluída a tarefa, pesadas nuvens anunciaram período prolongado de chuvas.

Se o trabalho não tivesse sido executado a tempo, a lavoura seria prejudicada.

Isto ocorre conosco na experiência física.

Plantamos no coração as sementes do bem e, quando as plantas começam a surgir, é preciso cuidar logo delas, combatendo os sentimentos inferiores, sem esquecer o esforço construtivo às qualidades nascentes.

Não retardemos, pois, as providências em favor da evolução espiritual. Hoje, é a oportunidade. Amanhã, talvez seja tarde.

45

Encontro inesperado

Mário e Júlio Campos eram irmãos. Advogados de reconhecida competência, trabalhavam juntos.

Através de amigos comuns conheceram o Espiritismo. Dedicaram-se a leituras. Buscaram informações. Tornaram-se simpáticos à causa espírita. Convidados a participar mais ativamente dos estudos no Centro, Mário se esquivou. O irmão, porém, mostrou-se interessado.

A partir daí, Júlio passou a frequentar assiduamente as tarefas da instituição. Estava presente nas reuniões de estudos. Participava de sessões públicas de evangelização e assistência espiritual. Tomava parte no serviço de auxílio aos necessitados.

Em pouco tempo, sentiu grande transformação em sua vida. Estava mais sereno. Atingira nível mais alto de compreensão. Percebia-se mais interessado pelo próximo.

Observando tamanhos benefícios, passou a insistir com

o irmão, para que também participasse das novas aquisições. Mário, porém, estava irredutível. Era simpático ao Espiritismo, ao trabalho ali desenvolvido, mas só. Não tinha interesse em maior envolvimento.

Certa noite, quando ambos estudavam intrincado processo, o escritório foi invadido por um homem de meia idade. Reconheceram-no logo. Tratava-se de antigo caso, em que atuaram como assistentes de acusação. De arma em punho, ameaçou:

— Estou aqui para me vingar. Por sua causa passei muito tempo na prisão.

Mário esboçou um gesto de reação, mas o irmão o conteve. E, tomando a palavra, falou com serenidade:

— Calma, calma...

— Calma? atalhou o invasor. — É fácil falar em calma quando não se esteve naquele inferno.

— Vamos conversar, prosseguiu Júlio. — Somos todos irmãos, e você pagou pelo erro que cometeu.

— Está falando diferente — ironizou o homem.

Mário tentou interrompê-lo, nervoso, mas o irmão o conteve novamente, enquanto o invasor continuava:

— No julgamento parecia muito valente. Agora me chama de irmão.

— Reconheço que me exaltei naquela ocasião — retrucou Júlio, percebendo que o outro aceitava o diálogo.

A seguir, desenvolveu-se interessante conversa. O advogado conseguiu asserenar a situação, terminando o inesperado encontro com um convite para que o antigo infrator aceitasse sua ajuda, até que arranjasse trabalho, enquanto o invasor se despedia entre frases de reconhecimento e desculpas.

Mário não escondia a surpresa diante do acontecido, quando ouviu a voz de Júlio que exclamava, emocionado:

— Dou graças a Deus por ter conhecido o Espiritismo.

Desde esse dia, Mário passou a acompanhar o irmão nas tarefas do Centro.

46

Sublime Vacina

Embora as inúmeras campanhas de esclarecimento, o garoto não tomara a vacina.

Quando se machucou e adquiriu o tétano, grande foi a luta para salvar-lhe a vida. Hospitalizado e colocado em regime de tratamento intensivo, permaneceu em ambiente especial.

Embora os espasmos dolorosos e a situação desconfortável, a doença foi vencida, mas tudo teria sido evitado se tivesse recebido a vacina.

Estamos sujeitos a inúmeras situações de sofrimento, necessárias ao aprimoramento espiritual.

Perda de entes queridos.

Enfermidades difíceis.

Resgates dolorosos.

Provações familiares.

É importante, pois, que cultivemos, no coração, os ensinamentos de Jesus. O Evangelho é sublime vacina, que nos previne da revolta e do orgulho, da ociosidade e do egoísmo, preparando-nos para os momentos de testemunho.

47

PERDA DE TEMPO

Alcides Santana era pessoa agradável. Boa prosa. Presença cativante.

Funcionário de escritório em conceituada firma, cumpria corretamente as obrigações e o horário do expediente, mas suas folgas eram consumidas por intermináveis conversas, absolutamente sem proveito. Frequentava conhecida esquina no centro da cidade.

Certo dia, foi solicitado pelo chefe a fazer serão para datilografar extenso relatório a ser encaminhado na manhã seguinte. Alcides não escondeu a contrariedade, pois não teria a prosa costumeira na esquina do café. Sem alternativa, voltou ao escritório após o jantar.

No trajeto, porém, entre sua casa e a empresa, resolveu se encontrar com os amigos, por pouco tempo que fosse, no ponto de costume. E, de conversa em conversa, entre um cafezinho e outro, só retornou ao lar alta madrugada. Esquecera completamente o compromisso.

No outro dia, ao chegar ao escritório, lembrou-se do relatório que já estava com o chefe, ainda no original rascunhado. Outro funcionário foi destacado para o trabalho.

Mais tarde, Alcides soube pelo colega que o longo relatório tratava de promoções e que seu nome fora incluído, mas depois riscado pelo chefe logo de manhã.

Alcides ficara sem a promoção por simples perda de tempo.

48

PÃO DIVINO

O pão, símbolo do alimento material, percorre longo trajeto antes que esteja disponível à mesa. Desde o preparo da terra até a manipulação da farinha, várias situações ocorrem.

Plantio da semente.

Trato da lavoura.

Colheita do grão.

Moagem do trigo.

Durante todo esse tempo, movimentam-se inúmeros braços, mobilizam-se esforços e trabalho, mas o precioso alimento só estará dignamente ao alcance de quem se disponha a conquistá-lo com trabalho próprio e incansável.

O alimento espiritual não foge à regra.

O celeiro do Senhor é inesgotável, mas inúmeros sacrifícios são exigidos a fim de que o pão divino nos esteja disponível.

O próprio Cristo paga, com a vida, o anúncio da Boa Nova.

Apóstolos de todos os tempos sofrem perseguições

Mensageiros Espirituais renunciam à glória das Alturas, suportando-nos a presença enfermiça, para distribuir consolações e ensinamentos.

E, mais recentemente, nos círculos do Espiritismo Cristão, médiuns e doutrinadores, que intermediam as lições de Jesus, sofrem o ataque da calúnia e do sarcasmo.

De nossa parte, igualmente, para merecer a dádiva celeste, é preciso esforço e trabalho, renúncia e amor ao próximo, pois é da lei que cada um receba de acordo com as próprias obras.

49

ESCOVA DE DENTE

— Trabalhemos, irmãos, trabalhemos com todo nosso esforço, disciplina e espírito de colaboração. Unamos nossos propósitos de servir ao próximo, estendendo o bem em qualquer circunstância. Que os contratempos não nos dificultem os passos no caminho da caridade. Superemos obstáculos, transponhamos as montanhas do comodismo, mas não permitamos que nossa marcha com Jesus seja obstruída. O Senhor espera de nós a colaboração em favor dos aflitos.

Assim, Leôncio Marques encerrou sua conferência no Templo Espírita. Aplausos prolongados. Lágrimas. Palavras de aprovação.

Terminada a reunião, os presentes permaneceram no recinto, para cumprimentar o orador e aproveitá-lo para troca de ideias.

O lugar era simples, localizado na periferia distante da cidade. Os frequentadores moravam por ali mesmo e

Leôncio era o único que chegara em seu próprio carro.

Entretanto, a conversa foi interrompida por um senhor, que falou de imediato:

— Doutor, estamos aqui com um caso urgente. Uma criança passando mal. A mãe está aflitíssima, precisando de levá-lo ao hospital. Para não atrapalhar sua visita a nós, ofereço-me para conduzi-los, se o senhor emprestar o carro. Sou mecânico e dirijo muito bem.

Leôncio ficou sério e, sem oferecer qualquer alternativa, respondeu, seco:

— Ah!, meu caro, não empresto, não. Carro é como escova de dente, só para uso próprio.

E, como se nada tivesse acontecido, virou-se para os outros, continuando seus casos.

VERDADE SUBLIME

A dor de dente aconteceu em plena madrugada. Impossível qualquer recurso maior, pois estava no campo. Procurou, então, soluções paliativas.

Remédio caseiro.

Pílula analgésica.

Aplicação tópica.

Apesar de algum alívio, a dor persistiu até que chegasse à cidade, quando procurou o dentista e se submeteu a tratamento rigoroso. Fez exame radiográfico, tomou anestesia local e tolerou o desconforto de instrumentos diversos.

Entretanto, após algum tempo, o problema estava resolvido e o dente não doía mais.

Em certas ocasiões, a dor da alma é grande, manifestando-se sob a forma de angústia e amargura. Saímos, então, em busca de paliativos.

Prazeres da vida social.

Atitudes desconcertantes.

Futilidades condenáveis.

Contudo, apesar da aparente melhora, o alívio real somente ocorre quando buscamos o caminho da verdade na renovação íntima e na realização interior.

Jesus é a Verdade Sublime, onde encontramos a solução definitiva de todos os nossos problemas.

51

PÉS LIMPOS

Os amigos Júlio Marques e Gerson Pires ainda comentavam as lições depois do encerramento dos estudos na instituição. Era o costume. A reunião sempre prosseguia com eles, enquanto faziam o caminho de volta para casa e durante o lanche que tomavam juntos, rotineiramente, após as tarefas da noite. O tema estudado os remetera ao episódio dos Evangelhos em que Jesus lava os pés dos discípulos.

Júlio comentava:

— Por que Jesus tomou tal atitude? Não deu ele, em várias outras ocasiões, provas suficientes de humildade e dedicação ao semelhante?

— Realmente — retrucava Gerson —, o episódio chama a atenção. Os pés são partes importantes de nosso corpo na vida diária. Com eles, caminhamos na estrada do bem ou nos arrastamos no lodo da maldade. Marcamos o gol da vitória no arremesso certeiro ou descarregamos a cólera, chutando pessoas e coisas. É interessante...

Gerson não terminou o raciocínio, pois haviam chegado. Naquela noite, o lanche era em sua casa. Já dentro da vivenda, encontraram a esposa do amigo a lavar pacientemente os pés do filho mais novo, antes de colocá-lo na cama.

Os olhares de ambos se cruzaram. Riram da coincidência, mas Gerson aproveitou a cena em observação para arrematar a conversa:

— É muito significativa a atitude de Jesus. Além do evidente gesto de humildade, o Mestre Divino nos lega imorredoura lição. Os pés são a parte inferior do corpo e simbolicamente podem significar o contato mais intenso com a vida material, as imperfeições e inferioridades. Lavando-os, Jesus nos dá a entender que o caminho para Deus exige os pés limpos. Quer dizer, Jesus entra em nossas vidas para nos ajudar na purificação necessária ao encontro com a Divina Perfeição. Nosso lava-pés é o esforço constante no bem, o aperfeiçoamento íntimo e o amor ao próximo.

Após esses comentários, ambos ficaram pensativos. E pensativos ainda, sentaram-se à mesa para o lanche costumeiro.

52

O PRÉDIO

O velho prédio abandonado dominava a paisagem da praça.

Ali estava há muito tempo, entregue à ruína, com aspecto desolador e o mato crescido em volta, provocando arrepios e assombro durante a noite.

Entretanto, houve a proposta de reforma e o trabalho logo se iniciou.

Paredes reparadas.

Telhado consertado.

Janelas corrigidas.

Jardim recuperado.

Interior restaurado.

A partir daí, o prédio passou a ser ponto de visita obrigatória, arrancando exclamações de beleza. E à noite, todo iluminado, tornou-se grandioso monumento a enfeitar a cidade.

※

Assim ocorre conosco nos percursos da vida.

Entregues ao mal, vivemos experiência desoladora. Contudo, quando nos decidimos pela reforma íntima à luz do Evangelho, tudo se modifica, realizamos o bem, modificando, para melhor, o ambiente em que vivemos.

E, na noite das provações, passamos a ser o ponto de referência dos ensinamentos de Jesus, espalhando amor, benevolência, paz e esperança.

53

MÉDIUM CURADOR

Desde há muitos anos, João Pacheco fora aquinhoado de belíssima mediunidade curadora. Dava passes. Atendia inúmeras pessoas. Aliviava e consolava os necessitados.

Quando a esposa adoeceu, João lhe ministrava passes diariamente. Enfermidade grave. Recursos médicos intensivos. Tratamento prolongado.

Entretanto, apesar de todos os esforços, a esposa não resistiu e deixou o corpo enfermo. Desde então, João Pacheco se tornou triste. Deprimiu-se intensamente. Afastou-se do trabalho e da presença dos companheiros.

Fulgêncio, o amigo mais próximo, procurava animá-lo:

— Não se esqueça de que todos estamos sujeitos a provações dolorosas. Há que reagir. Voltar e continuar as tarefas.

O médium, porém, estava mergulhado em profundo desânimo. Ficava em casa, sozinho.

Certa noite, quando a saudade mais lhe afligia, entregou-se à prece com fervor. Em meio às orações, adormeceu e, de repente, viu-se diante do Centro Espírita em que trabalhava. E qual não foi sua surpresa, ao divisar, ao longe, a esposa em plena tarefa, dando passes.

O coração bateu mais forte. Envolveu-se em intensa alegria. Correu para ela e, quando se aproximou, notou lágrimas em seu rosto. Ao perguntar-lhe por que chorava, ela respondeu com ternura e tristeza:

— Sinto muitas dores, mas tenho de estar aqui, pois você abandonou o trabalho.

João acordou assustado e, a partir do dia seguinte, voltou às tarefas e aos passes.

54

DESPERDÍCIO DE TEMPO

A partida de futebol transcorria em clima tenso. O empate favorecia um dos times que, por isso, consumia o tempo com bolas atiradas para longe do gramado, queixas descabidas ao juiz e outros expedientes.

Contusão falsa.

Passes curtos.

Chutes longos

Dribles inúteis.

Jogada enfeitada.

Contudo, ao retornar a bola ao goleiro para enganar o cronômetro, o jogador foi infeliz e marcou contra. O desperdício de tempo acabou por dar a vitória ao time adversário.

Aproveitemos o tesouro das horas no trabalho útil.

Na partida da evolução, muitas vezes agimos como o jogador infeliz. Ao desperdiçar o tempo, acabamos por infligir derrota a nós mesmos.

55

CONVERSÃO

Joaquim Pereira era entusiasta e ardoroso defensor das ideias espíritas. Lera livros. Participara de experiências científicas. Assistira a fenômenos convincentes. Culto e inteligente, manejava com maestria argumentos e palavras.

Certa vez, em reunião festiva, discutia com conhecido intelectual da cidade. Outros convidados se aproximaram, atraídos pelo duelo cultural e, logo, pequeno grupo de curiosos e interessados se concentrara em volta dos dois contendores.

Joaquim argumentava. Expunha teorias. Fazia citações. A discussão continuava acalorada quando o intelectual atacou de rijo:

— Tuas ideias são bonitas, mas ineficazes. Conheço-te há muitos anos como adepto intransigente da Doutrina Espírita e do Evangelho. Mas sei também que és intolerante e impaciente. Que não tens consideração com subordinados, nem respeito a opositores. Que não perdoas facilmente e rara vez ajudas alguém que esteja na rua da amargura. Se estás, há tanto tempo, em contato com essas ideias, e elas não te melhoraram na convivência com os outros, do que tentas me convencer?

Joaquim recebeu o argumento como bofetada. Baixou a cabeça e encerrou o debate, quase em lágrimas. A partir daí, porém, passou a cultivar esforço e trabalho na renovação íntima e no atendimento ao próximo, começando realmente a converter-se ao Espiritismo e ao Evangelho.

56

OS BRINCOS

Na festa, rodeada de amigas, a senhora reparava os demais convivas, entre risos disfarçados. Qualquer atitude alheia era motivo para seus comentários maldosos.

Ridicularizava roupas.

Criticava penteados.

Ironizava adereços.

Atacava os anfitriões.

Zombava do serviço.

Não poupava ninguém.

Repetia apontamentos maliciosos a respeito da decoração do ambiente e desmerecia a qualidade dos salgados e doces.

Entretanto, somente quando foi ao toalete, descobriu que usava um brinco diferente do outro, embora parecidos.

Anotemos o relato acima por aprendizado oportuno.

Às vezes, passamos a vida toda reparando e criticando problemas e imperfeições dos outros, sem perceber que, de nossa parte, carregamos inúmeros defeitos.

57

AS DESCULPAS

— Não aceito perdão. O assunto está encerrado.

Era assim que Jonas Moreira respondia ao pedido de desculpas de Joaquim Albino em frente ao escritório em que ambos trabalhavam.

Na véspera, tiveram pequena rusga. Coisa simples. Superável. Sem importância. Mas Jonas estava melindrado. Recusava qualquer entendimento.

Joaquim repetia:

— Insisto com as desculpas. Reconheço que fui infeliz em meus argumentos. Arrependo-me. Somos companheiros e amigos. Não se justifica essa intransigência.

Contudo, Jonas retrucava, irritado:

— Nada disso. Errou, está errado. Não há volta. Agora, cada um siga seu caminho.

Mal acabara de falar, já estava dentro do carro, arrancando com rapidez. Na saída violenta, porém, bateu no automóvel de Joaquim, ali também estacionado.

Ao perceber o estrago que fizera no veículo do companheiro, colocou as mãos na cabeça, num gesto de aflição. E voltando o olhar quase humilde em direção a Joaquim, começou a dizer, sem parar:

— Perdoe-me, perdoe-me...

58

BONS FRUTOS

A colheita teve início no enorme pomar. Era grande e variado o número de árvores frutíferas, e grupos de pessoas se aproximavam dos galhos, apanhando os frutos sadios.

Mangueiras.

Cajueiros.

Goiabeiras.

Pessegueiros.

Macieiras.

Laranjeiras.

O pomicultor estava satisfeito, pois reunira, em uma única área de terra, inúmeras espécies de árvores e colhia vários tipos de frutas, atendendo os reclamos da comunidade a que servia.

O Evangelho do Senhor é também imenso campo de trabalho, onde cada um de nós produz de acordo com a própria condição evolutiva.

Contudo, para que isso aconteça de modo adequado, é preciso imitar as árvores frutíferas. Fincar raízes no trabalho útil. Suportar o temporal das provas necessárias. Tolerar a poda dos resgates. Trabalhar incansavelmente.

E, produzindo bons frutos, segundo nossa capacidade e em proveito de todos, estaremos sob a proteção, o amor e a misericórdia de Jesus, o Divino Pomicultor.

59

A MULTIPLICAÇÃO

Joaquim Mioto era dedicado à assistência aos menos favorecidos. Afobado, porém, desesperava-se por qualquer dificuldade. Pequenos obstáculos lhe tiravam a calma e a sensatez.

Há muitos anos, trabalhava na instituição a que se ligara. Exemplo de esforço e disciplina. Atenção e renúncia. Por isso, foi lhe confiada a responsabilidade da distribuição de Natal. Pertencia-lhe a coordenação de toda a tarefa, da qual participavam inúmeras pessoas.

Joaquim trabalhou incansavelmente. Fez campanhas de auxílio. Solicitou grande quantidade de contribuições. Comprou o material necessário.

Entretanto, na véspera do grande acontecimento, desesperou-se ao conferir as doações. Eram bem poucas, relativamente ao número de necessitados que acorreriam à festividade. Nervoso, assumiu a culpa e desfiou uma sucessão de queixas, provocando sério tumulto entre os companheiros. Salvador, um deles, procurava transmitir-lhe serenidade:

—Tenha calma. Muitos amigos, a quem solicitamos ajuda, ainda não se manifestaram. Confiemos em Jesus. Não estamos sozinhos.

Mal Salvador acabara de falar, ouviu-se barulho à porta da instituição. Buzinas. Vozerio. Passos. Eram vários caminhões, carregados de gêneros alimentícios, calçados, roupas e brinquedos, que se haviam atrasado na entrega.

Ao tomar conhecimento da novidade, Joaquim começou a saltar de alegria. Salvador aproveitou a hora para extrair o ensinamento:

— Veja a lição que recebemos. Jesus multiplicou pães à multidão faminta, não deixaria nossa tarefa ao desamparo. O que ocorre agora é autêntica multiplicação do bem.

Joaquim deu sinais de compreender o amigo, mas continuou a saltar de felicidade, pois os necessitados seriam atendidos, por misericórdia do Senhor.

60

SERVIÇO MAIOR

Desde cedo, a mãe de família começou a movimentar-se.

Já nos primeiros albores da manhã, atendeu os reclamos do bebê, providenciando-lhe a alimentação e os cuidados de higiene. Em seguida, serviu a todos da família.

Desjejum.

Almoço.

Lanches.

Passeios.

Jantar.

Ao recostar-se para o repouso, estava tranquila e feliz.

Mãe e esposa extremosa, a mulher renunciou a si mesma para servir a família, esquecendo suas necessidades e adiando os próprios desejos.

Jesus, porém, convida-nos a serviço maior.

Assistir, sim, os familiares com amor e devotamento, mas igualmente expandir o bem e a dedicação em favor de todos os semelhantes, filhos de Deus e nossos irmãos.

Atendamos, pois, o chamamento divino na tarefa de auxílio. O Evangelho é o roteiro, e a Humanidade é a família.

61

O ACIDENTE

Maurício Boaventura nunca estava satisfeito com o que possuía. Companheiro leal. Prosa agradável. Boas amizades.

Era dono de casa confortável, carro relativamente novo e emprego bem remunerado. Vez por outra, contudo, surgia a ideia de trocar de casa, carro e emprego. Era sempre demovido pelos amigos que o conheciam bem.

Há alguns anos, estava no Centro Espírita e detinha serviço de responsabilidade. Cuidava de importante setor de assistência aos necessitados. Também aí, a insatisfação o assaltava. Agradava-lhe a tarefa junto aos menos favorecidos, mas desejava ardentemente ser médium. Queria ver os Espíritos. Falar com eles. Ouvir-lhes a voz.

Em razão disso, passava longo tempo imaginando a ocasião em que seria aquinhoado com a mediunidade. Descuidava-se das próprias tarefas. Distraía-se a ponto dos companheiros terem que alertá-lo no curso dos trabalhos.

Um dia, em situação de emergência, foi-lhe solicitado ajuda na sopa. Para moer os legumes, pois o responsável pela tarefa adoecera repentinamente.

Maurício assumiu o posto. Como de costume, enquanto trabalhava, ficou sonhando com a mediunidade, até que, em determinado momento, ocorreu o desastre. Distraído, Maurício não percebeu quando colocou a própria mão entre as lâminas do moedor. Grito de dor. Acorreram todos. O acidente se revelava grave. Os companheiros providenciaram imediatamente o transporte ao hospital, e no trajeto, enquanto atravessavam movimentada avenida, puseram-se logo atrás de um caminhão que trazia escrito em sua traseira: "Quem não se contenta com o próprio bem, perde o que tem".

Embora o momento de grande aflição, todos se entreolharam, guardando o precioso ensinamento, enquanto Maurício meditava no que acabara de ler.

62

O ESPETÁCULO

 espetáculo no circo acontecia com diversos números.

Acrobacias.

Trapézios.

Palhaços.

Animais.

Domadores

Em determinado momento, o apresentador anunciou número diferente e emocionante.

Montado o cenário, houve murmúrio entre o público. Surgiu linda moça de cabelos revoltos e mãos atadas nas costas e a seu lado estava um homem com enorme e reluzente facão.

Quando a música indicou o início do novo quadro, o facão desceu rápido em direção à cabeça da moça. Surgiram gritos na plateia. Em poucos segundos, porém, o pânico se transformava em sorrisos e aplausos calorosos, enquanto o artista exibia entre os dedos um cacho de cabelos, que acabara de cortar.

O que parecia ser tragédia fora, na realidade, proeza delicada.

Comparemos o artista e seu facão ao binômio espírito-corpo.

O corpo físico é mero instrumento de quem o maneja e nós sabemos, à luz da Doutrina Espírita, que quem comanda é o Espírito, do qual procede sempre, por sua vontade e conhecimento, a tragédia ou o bem.

63

O PROTESTO

*J*orge Siqueira era orador fluente e brilhante. Voz bonita. Dicção perfeita. Conhecimento vasto.

Adepto do Espiritismo há alguns anos, tornara-se presença obrigatória nos ciclos de palestras doutrinárias. Embora jovem ainda, notabilizara-se como conferencista.

Quando, certa vez, foi convidado a falar em pequena cidade do interior, escolheu como tema a paciência e a compreensão. Como sempre, despertava emoções. Frases de belo efeito. Palavras selecionadas. Imagens encantadoras. Em certo trecho da palestra, exortava com convicção:

— Cultivemos a paciência e a compreensão com todo o espírito de caridade. Elas estão presentes no silêncio oportuno. Estão vivas no entendimento bondoso. São lírios que nascem da lama de nossas imperfeições.

E, assim, de frase em frase, conquistou o público até às lágrimas.

No final da conferência, após os aplausos prolongados, o presidente da reunião, senhor idoso e de maneiras simples, pediu a palavra. Queria expressar ao orador a gratidão por aquele momento de luz em sua cidade. Começou desta forma:

— Senhoras e senhores, creio que interpreto o pensamento de todos. Quero agradecer de coração a presença entre nós deste talentoso menino...

Jorge ficou vermelho. Levantou-se com rispidez e, interrompendo a fala do companheiro, protestou, contundente:

— Não admito ser chamado de menino. Não dou essa liberdade a ninguém. Refiram-se a mim com o devido respeito que mereço.

E, contrafeito, pediu o imediato encerramento da reunião.

A surpresa, quase indignação, foi geral. O orador que falara com tamanho brilho a respeito da paciência e compreensão, não tivera a mínima compreensão e paciência diante da menção de simples palavra que o desagradava.

64

RENOVAÇÃO ÍNTIMA

m plena reunião social, a senhora se desdobrava em atenção e gentilezas.

Cumprimentava a todos.

Ouvia com interesse.

Conversava com simpatia.

Era toda sorrisos e encanto.

Entretanto, mudou completamente de atitude, falando com uma amiga em lugar reservado. Referiu-se com azedume à festa, ridicularizando pessoas e desmerecendo os donos da casa.

Quem a visse agora, certamente não reconheceria a senhora fina e educada de poucos momentos antes.

O cenário deste episódio nos permite preciosa oportunidade de meditação. É fácil envernizar o comportamento e mostrar boas maneiras na vida social, à moda de enfeite na sala.

Contudo, difícil e mais importante é renovar pensamentos e reorientar atitudes da vida íntima, tarefa que exige sempre esforço, disciplina e vontade, a fim de que operemos, em nós mesmos, a verdadeira transformação que o Evangelho ensina.

65

A GRANDE TAREFA

Quando conheceu o Espiritismo, Madalena Bastos ficou empolgada. Jamais imaginara tamanha fonte de consolações. Entregava-se a leituras que descreviam a vida no mundo espiritual e sonhava com a hora em que teria aquela ventura.

Era mãe de família muito dinâmica, porém nervosa. Possuía inúmeros problemas domésticos. Os filhos estavam quase sempre envolvidos em confusão, e o marido lhe causava sofrimento ainda maior. Homem ríspido e doente, fazia-lhe incessantes exigências em torno de desejos caprichosos.

Madalena começou a achar a vida ruim. Não suportava mais aquela rotina de dificuldades. Foi nessa fase que conheceu a Doutrina Espírita.

Em certa ocasião, quando maior era seu tormento, considerou que precisava de uma grande tarefa de amor, que lhe garantisse alívio no presente e felicidade no futuro. As horas que dedicava aos necessitados, durante a semana, na instituição, não eram suficientes. Quem sabe, em abrigos caridosos, poderia cuidar de crianças ou zelar de velhinhos desamparados. Obcecada por esta ideia, resolveu pedir orientação espiritual, através de abnegado médium psicógrafo.

A mensagem, entre outras coisas, dizia assim: "Minha filha, ninguém está impedido de praticar o bem ao semelhante dentro do tempo de que disponha. Mas não olvidemos o próximo mais próximo, que invariavelmente está ao nosso lado, em casa".

Madalena entendeu o recado e, a partir daquele dia, ao lado de suas tarefas na instituição, passou a cultivar, no trato com os familiares, compreensão, amor e carinho.

Era sua grande tarefa.

66

O LIVRO

Na biblioteca, o livro despertava admiração. Era realmente de grande beleza, com dimensões equilibradas, ilustrações de bom gosto e letras de fácil leitura.

Formato elegante.

Papel de qualidade.

Encadernação rica.

Lombada sem defeito.

Gravações delicadas.

Paginação perfeita.

Enfim, verdadeira obra de arte gráfica. Entretanto, ao ser compulsado para melhor exame, houve enorme decepção. Tratava-se de coleção de escritos para divertimento superficial.

A apresentação era bela, mas o conteúdo, pobre.

Tal situação lembra as criaturas revestidas de crença exterior, que apenas cumprem obrigações ritualísticas e comparecem a cerimônias públicas.

Na intimidade, porém, carecem de verdadeira fé, aquela que confia, compreende e fortalece. É a fé que, conforme a palavra de Jesus, move montanhas.

67

A BOA DECISÃO

Quando Joaquim Inácio foi assaltado, na rua movimentada e em plena luz do dia, o pequeno ladrão foi agarrado por inúmeras pessoas. Não passava de um adolescente. Franzino. Trêmulo. Amedrontado. Em volta, o ajuntamento que se formara, provocava enorme barulho.

— Lincha! — gritavam alguns.

— Leva para a cadeia! — bradavam outros.

Quando Joaquim se aproximou do menino para reaver o dinheiro, pediu calma a todos e disse que ele próprio tomaria todas as providências legais. Tomou o mocinho pelo braço e saiu em busca do carro, estacionado bem à frente.

No percurso, pensava que a solução óbvia era realmente entregar o rapaz à autoridade policial. Entretanto, lembrou-se do Evangelho, do episódio da mulher adúltera, que a tradição e os costumes mandavam apedrejar. Jesus havia perdoado a infeliz, ensinando-lhe o caminho do bem. Tentou, então, o diálogo.

– Por que fez isso? perguntou com inflexão bondosa na voz.

O menino, de cabeça baixa, respondeu sem levantar os olhos:

– Minha mãe é doente. Tirei o dinheiro para ajudá-la.

Joaquim sentiu uma pontada no coração. Era comerciante bem-posto. Bom negócio. Família estável. Filhos sadios. Aquela criança maltrapilha lhe despertava compaixão. Tinha toda uma vida pela frente, mas sem perspectivas, sem esperança. Acreditou nela. Tomou a decisão de levá-la para casa.

Lá, realmente, encontrou a mãe enferma. Providenciou tratamento adequado. Empregou o rapaz na própria empresa. Propiciou-lhe trabalho e estudo.

Muitos anos mais tarde, aquele menino desorientado havia se tornado o funcionário de sua maior confiança no estabelecimento comercial.

A orientação de Jesus livrara o adolescente das complicações de um gesto impensado e dera a Joaquim a oportunidade de ser útil.

68

O NEGÓCIO

Durante toda a semana, o engenheiro permaneceu na cidade realizando um grande negócio. Tratava-se da venda de pequenas chácaras, em sistema de condomínio, em aprazível área, cortada por sinuoso rio.

O comportamento digno do engenheiro chamava a atenção, pois realizava as transações com honestidade, esquivando-se de manobras maliciosas.

Respeitou interesses de todos.

Seguiu as leis com exatidão.

Recusou propostas escusas.

Rejeitou vantagens próprias.

Quando, porém, na estação chuvosa, o rio provocou grande enchente na região, arruinando o projeto imobiliário, o próprio engenheiro tomou a iniciativa de cancelar os contratos, devolvendo de maneira correta os investimentos feitos.

O negócio não existia mais. Entretanto, a lisura e honestidade do engenheiro permaneciam.

※

Compreendamos que, mesmo mergulhados nos negócios transitórios do mundo, em função da sobrevivência material, podemos manter a iluminação interior com atitudes que espelhem a dignidade, o respeito e o amor, devidos ao próximo, exemplificando as virtudes do Evangelho em nossa vida diária.

69

MAU COSTUME

Chiquinha Fontes cultivava o mau costume de tirar conclusões sobre acontecimentos que pouco ou nada conhecia. Fazia uma dedução e, daí por diante, era verdade para ela. Não importava a realidade dos fatos.

Fora isso, era companheira respeitada. Batalhadora nas tarefas de assistência. Estimada por todos no Centro Espírita.

Com o tempo, porém, esse péssimo hábito foi percebido pelas companheiras de trabalho. Uma delas lhe dizia sempre:

— Não seja precipitada. Tirar conclusões sobre fatos ainda obscuros é risco grande. A qualquer momento explodirá a confusão.

Mas ela não mudava.

Certa noite, durante reunião de estudos, Chiquinha sentiu cheiro de queimado. Levantou-se e foi até à porta lateral do recinto, onde podia ver melhor. Ao perceber a direção da fumaça, começou a gritar:

— Fogo! Fogo na cozinha!

Foi o caos. Gritaria. Exclamações. Súplicas. As tarefas foram interrompidas, e todos correram para os fundos do prédio, onde ficava o setor assistencial.

Logo, contudo, descobriu-se que, no terreno vizinho, alguém pusera fogo num monte de cisco.

O incêndio na cozinha fora por conta própria de dona Chiquinha.

70

AS NUVENS

O dia estava realmente maravilhoso, e inúmeras famílias se divertiam nos parques.

Céu azul.

Sol brilhante.

Brisa carinhosa

Pessoas nas ruas.

Clubes lotados.

De repente, vieram as nuvens e o céu se tornou cinzento. A brisa deu lugar a forte ventania e logo começou o temporal.

Entretanto, embora o contratempo ao lazer, a chuva era providencial às plantações.

Isso também acontece conosco, quando provações surgem nos dias de alegria, e lágrimas acompanham nossas experiências.

Contudo, o que parece ser transtorno é amparo da Providência Divina, pois da mesma forma que as lavouras necessitam das nuvens de chuva, nós precisamos das nuvens de dor a fim de amadurecer no coração os trigais da virtude.

71

A VISITA

— O que veem aqui é fruto de árduo trabalho. É obra de sacrifício. Tarefa gigantesca.

Felisberto Madruga falava com entusiasmo.

Naquele dia, algumas pessoas visitavam a instituição de caridade, da qual era diretor. Percorriam os diversos setores, enquanto Felisberto ia explicando tudo com detalhes.

— Gastei mais de seis meses para construir o pavilhão.

— Tive imenso trabalho para resolver o problema.

— Fiz inúmeras campanhas para arrecadar fundos e melhorar a instalação.

— Custou-me enorme sacrifício fazer a cobertura.

E, assim, por mais de uma hora, foi o anfitrião perfeito.

Entretanto, durante toda a visita, por várias vezes, havia se referido apenas a si mesmo, desconhecendo o trabalho de outros companheiros e completamente esquecido de que todo bem procede de Deus.

72

O LAR

Quando se decidiu construir um Lar para crianças, a movimentação foi intensa. Inúmeras pessoas responderam à convocação de trabalho, com referências entusiásticas ao Evangelho.

Reuniões.

Discursos.

Campanhas.

Projetos.

Execução.

Entretanto, após algum tempo de funcionamento, surgiram problemas. Colaboradores entraram em conflito, voluntários se afastaram e companheiros desistiram.

O Lar cerrou suas portas e, embora as crianças desamparadas lhe batessem à porta, o majestoso edifício permanecia fechado.

É uma verdade bastante difícil, mas temos que admiti-la. Em várias ocasiões, honramos Jesus com os lábios, mas, na prática, ficamos a dever muito.

73

CAMPEÃO DA CARIDADE

Gildo Dantas repetia sempre que, quando tivesse muito dinheiro, seria o campeão da caridade.

Comerciante, vivia confortavelmente e com folga. Era companheiro na instituição de assistência e colaborador permanente no socorro aos necessitados. Por isso, os amigos lhe davam crédito à conversa.

Um dia, aconteceu. Possuía o bilhete premiado. Ganhou imensa fortuna, muito mais do que pudera imaginar.

Entre abraços e cumprimentos, ele mesmo deu a notícia aos companheiros. Combinaram, então, um encontro em seu apartamento no final de semana para discutir novos projetos de assistência mais ampla.

No dia e hora marcados, todos compareceram. Foram recebidos pelo porteiro do prédio com a notícia de que Gildo havia se transferido para lugar ignorado.

Deixara, porém, um bilhete aos amigos. No pequeno pedaço de papel estava escrito assim: "Caros companheiros, resolvi mudar os rumos de minha vida. Tenho outras finalidades para o dinheiro que ganhei. Desejo a todos muito sucesso no trabalho de auxílio ao próximo".

O amor ao dinheiro fora mais forte do que o amor à caridade.

74

O CARRILHÃO

Havia na cidade uma torre com relógio. Enorme carrilhão soava badaladas, a cada quinze minutos, com diferentes melodias, regulando a vida de toda a comunidade.

Encontros de negócios.

Compromissos bancários.

Horários festivos.

Pausas do expediente.

Um dia, porém, o mecanismo de som apresentou defeito. O relógio continuou a funcionar, mostrando as horas, mas sem as badaladas. Houve desorientação geral, perda de horários, desencontros.

Entretanto, quando o carrilhão foi recuperado, a situação se normalizou.

Este fato nos leva a considerar a importância da exemplificação.

Ensinamos o Evangelho.

Interpretamos as lições.

Expressamos sabedoria.

Contudo, à semelhança do relógio, se não acionamos o carrilhão do exemplo, inundando a própria vida com o som das atitudes renovadas, podemos continuar falando, mas não adianta.

75

FORÇA DO EXEMPLO

Quando começou a frequentar o Centro Espírita, Renato Silveira teve a oposição de toda a família.

— É coisa do demônio — dizia a esposa, inconformada.

— Papai está desequilibrado — comentavam os filhos, irônicos.

Renato, porém, encontrara alegrias desconhecidas no estudo do Evangelho Segundo o Espiritismo. Antes, era homem nervoso. Discutia frequentemente com a esposa e os familiares. Por sugestão de um amigo, buscou o esclarecimento espírita. Agora, trazia doce e esperançosa paz no coração. Tornara-se útil ao próximo, trabalhando em favor dos necessitados.

Essa felicidade, nova e renovadora, só era tisnada pela incompreensão em casa. Nas datas de reunião, padecia verdadeiro tormento. A esposa pretextava necessidade de visita aos parentes ou, então, alegava desejo de ir ao cinema.

Renato contemporizava. Sem discussões ou conflitos, cedia pacientemente aos caprichos dos familiares, sem contudo perturbar suas tarefas no Centro. Por longo tempo, exemplificou, com sacrifício e esforço, todos os itens da tolerância, do entendimento e da caridade. Aplicava em casa o que aprendia nas lições do Evangelho.

Até que, um dia, sua transformação era tão visível e convincente, que a esposa manifestou vontade de acompanhá-lo a uma reunião. Queria conhecer de perto o que havia mudado tanto seu marido. Fez a primeira visita e, a partir daí, nunca mais implicou com Renato. Ao contrário, tornou-se frequentadora assídua, e fiel companheira nos trabalhos assistenciais.

O exemplo havia sido mais forte do que qualquer outro argumento.

76

Julgamento

Quando o delito foi cometido, iniciou-se longo processo de apuração.

Queixa-crime.

Investigações.

Depoimentos.

Testemunhas.

Em seguida, as conclusões foram remetidas ao juiz encarregado da questão, que deu andamento ao processo, com novos depoimentos e alegações.

Após algum tempo, foi marcado o julgamento, repetindo-se todo o trabalho exaustivo de investigação, agora com a presença de advogados de defesa e acusação.

No tribunal do júri, cidadãos respeitáveis, previamente escolhidos, foram chamados a julgar e emitiram seu parecer, que o juiz executou dentro dos critérios da lei.

Esse acontecimento tão comum da vida humana nos proporciona importante alerta ao comportamento diário.

A Justiça gasta longo tempo de análise para concluir se alguém é culpado ou não. Contudo, muitas vezes, nós outros não precisamos mais do que uns poucos minutos para julgar levianamente o próximo.

77

O TESTEMUNHO

pós muitos enganos e desenganos, Marieta Boaventura percebeu toda a parentela contra si.

Casara-se a contragosto de ambas as famílias e quando o casamento lhe aumentou a aflição, em virtude dos problemas naturais do compromisso, quase chegou ao desespero. Humilhações frequentes. Agressões verbais. Interferências atrevidas.

No auge da crise, porém, aceitou a sugestão de uma amiga, para frequentar reuniões de estudos do Evangelho. Passou, então, a ouvir e meditar sobre o amor ao próximo, a tolerância, a compreensão, a esperança. Os ensinamentos de Jesus lhe tocaram o coração como um bálsamo.

Embora persistisse a rejeição familiar, Marieta estava em paz e se dedicava à assistência aos menos favorecidos. Devagarzinho, porém, começou a cultivar uma ideia estranha. Desejava separar-se do marido, afastar-se da família que a rejeitava e entregar-se totalmente ao serviço do bem, em favor dos necessitados. Ansiava dar um testemunho de amor a Jesus, que a livrara de profunda desilusão.

Quando, pois, esteve na cidade renomado espírita, conhecido por suas qualidades de coração e sabedoria, Marieta resolveu consultá-lo. Apresentou-lhe os problemas e anseios, dele ouvindo uma resposta mais ou menos assim: "Minha filha, todos temos o dever de expandir os sentimentos de amor à Humanidade inteira, mas não devemos esquecer que ela começa na própria família. De que adianta ofertar bondade a todo mundo e negá-la aos que estão ligados a nós pelos laços da parentela?"

Marieta recebeu a lição com humildade. Continuou suas tarefas e, durante a vida inteira, suportou a incompreensão da família.

Era seu grande testemunho de amor ao Cristo.

78

PRESTAÇÃO DE CONTAS

Logo pela manhã, o funcionário da empresa se apresentou ao chefe e recebeu longa lista de responsabilidades. A seguir, iniciou as tarefas que se prolongaram por todo o dia.

Procurou clientes.

Recebeu notas.

Fez pagamentos.

Foi a bancos.

Percorreu filiais.

No fim do expediente, esteve de novo com o chefe para a prestação de contas e, só depois, foi liberado para o merecido descanso.

Durante a vida física, também carregamos extensa lista de responsabilidades nos assuntos familiares, deveres profissionais e trabalhos na comunidade.

Da mesma forma que o funcionário diligente da empresa, cabe-nos cumprir fielmente as obrigações, a fim de que nosso acerto perante Deus esteja em perfeita ordem, pois o instante fatal, que se convencionou chamar de morte, não passa de simples prestação de contas.

79

A AGRESSÃO

Gildo Fortes era amigo de todos. Pessoa afável e dedicada à seara do bem. Quando foi convidado a falar sobre o Espiritismo, rejubilou-se. Era o assunto de sua preferência.

Começou, então, a descrever o trabalho assistencial. Discorreu sobre os princípios espíritas. Referiu-se a extensa bibliografia. Falava com entusiasmo.

Como se encontrava em festa de aniversário, logo muita gente se aproximou para ouvi-lo. Interessados. Curiosos. Críticos.

Após algum tempo de explanação, um dos presentes resolveu contestá-lo. Gildo aceitou respeitosamente os argumentos do outro convidado e passou a responder com argúcia e inteligência. Pergunta aqui, resposta ali, sempre na ponta da língua.

O contestador, porém, começou a irritar-se. Ataques

verbais. Referências desagradáveis à atividade espírita. Gildo retrucava com elegância e firmeza e, quando menos esperava, levou um tapa no rosto.

O sangue lhe subiu à cabeça. Tinha a obrigação de compreender e ser humilde, mas aquela agressão fora demais. Quando se preparava para reagir, percebeu que uma voz lhe falava dentro da cabeça:

— Você discursou muito bem. Mostrou-se espírita convicto. Discorreu maravilhosamente sobre a caridade. Exaltou o bem em todos os instantes. Agora, vamos ver como se sai no exemplo.

Gildo, que já estava de pé, sentou-se de novo e, calado, começou a orar, enquanto os amigos afastavam o agressor.

80

DOIS CENÁRIOS

O extenso pomar destoava da paisagem em volta, onde tudo era seco e cinzento.

Plantas murchas.

Capinzal ressequido.

Arvoredo retorcido.

Terra gretada.

O pomar, contudo, era quadro de vida abundante, com árvores vigorosas, troncos robustos e frondes verdejantes, algumas cobertas de flores e outras carregadas de frutos, prenunciando colheita farta.

A diferença entre estes dois cenários estava na irrigação adequada e permanente. O pomar era continuamente regado por inúmeros canos perfurados, que nasciam de enorme reservatório de água.

Em nossa caminhada evolutiva também acontece assim.

No mundo desolado pelo egoísmo e orgulho surgem os verdadeiros e sinceros discípulos de Jesus, regados por seu Amor Divino e ligados a Ele, permanentemente, através da renovação íntima e do trabalho constante no bem.

81

LEIS

Marcelo Correa não dava a mínima importância aos direitos alheios. Era jovem ainda e de temperamento exaltado.

Impulsivo, desrespeitava, sem qualquer constrangimento, sinais de trânsito, avisos públicos, estatutos de instituições e até as leis. Dizia sempre:

— Leis são restrições à minha liberdade.

Os amigos tentavam lhe mostrar tamanho despropósito e repetiam, aflitos:

— É preciso respeitar as leis e os direitos dos outros. Não se pode viver em paz sem ordem e disciplina. Jesus ensinou que se desse a César o que é de César.

Marcelo, contudo, dava de ombros à sugestão dos companheiros e continuava vivendo como se o resto do mundo não existisse.

Certa noite, acordou com barulho em casa. Cochichos.

Passos quase inaudíveis. Percebeu que havia estranhos em sua casa. Perturbou-se. Sentiu que lhe agrediam os direitos e a liberdade. Assustado com a intromissão indevida em seu lar, abriu a janela que dava para a rua e passou a gritar com insistência:

— Socorro!... Polícia!... Estou sendo roubado!...

Para quem não respeitava leis, Marcelo começava a sentir que precisava delas.

82

O ASSENTO

Quando vagou o assento no transporte coletivo, o lugar disponível foi disputado por um homem de meia-idade e uma senhora com a criança nos braços.

Mais rápido e impetuoso, o homem assentou-se logo e a mulher passou a discutir com ele, surgindo constrangedora situação.

Expressões ásperas.

Respostas ácidas.

Palavras descorteses.

Frases insultuosas.

Contudo, mal se iniciara a contenda, um passageiro, ao lado, cedeu gentilmente seu lugar à senhora.

A discussão acabou imediatamente.

A atitude do passageiro gentil nos leva a profunda meditação.

Na vida, um simples gesto de renúncia promove rapidamente a paz e a alegria. Ainda assim, teimamos em discutir e disputar, não importando as consequências.

83

O APOIO

Quando João Fulgêncio deu a ideia de uma entidade na periferia, para atender aos mais necessitados, o aplauso foi geral. Cumprimentos. Abraços. Promessas de apoio.

Marieta Godinho, companheira prestimosa, falava com euforia:

— João, sua ideia é maravilhosa. Nosso Centro precisa mesmo mudar. Ficar mais perto dos desafortunados. Prover também suas necessidades materiais. Estou pronta para cooperar.

E Alípio Dantas, um dos diretores, completava, circunspecto:

— Estou satisfeito, João. Precisamos realmente buscar nossos irmãos em sofrimento, dar-lhes a oportunidade de nosso trabalho. Não adianta só a teoria doutrinária. É imperioso aplicá-la em atos concretos de serviço ao próximo, mormente quando as aflições materiais são inúmeras.

E, assim, todos foram solidários com os novos projetos do grupo. Entretanto, quando se concluiu que para a construção do novo prédio era necessário vender o imóvel em uso, mudando definitivamente o endereço, houve tumulto e revolta. Ideias contraditórias. Opiniões diferentes. Agressões verbais. Decidiu-se, então, por uma assembleia geral para a resolução final do assunto.

Contudo, no dia e hora marcados, a reunião não aconteceu. Apenas João Fulgêncio comparecera.

O SORVETE

Na confeitaria, a criança se dirigiu ao pai e pediu um sorvete. Como estava com resfriado, o pedido não foi levado em consideração.

A criança, porém, insistiu de diversas maneiras. Aumentou o tom de voz, chorou, fez birra, rolou no chão. Tamanho foi o escândalo que o pai não teve alternativa senão ceder ao seu desejo.

Mais tarde, as complicações apareceram.

Piora do resfriado.

Dor de garganta.

Febre e mal-estar.

Injeções dolorosas.

Tratamento severo.

A criança permaneceu em repouso e faltou às aulas, atrasando-se na escola. Além disso, ausentou-se das brincadeiras e ainda perdeu o passeio de fim de semana.

O sorvete inoportuno provocara sérias dificuldades.

Em roupagem diferente, isto acontece também conosco.

Muitas vezes, fazemos a Deus pedidos inconvenientes, cujo atendimento, a nosso próprio benefício, é negado ou adiado.

Contudo, tanto rogamos e insistimos, que a Providência Divina, a título de aprendizado, atende-nos aos desejos e só mais tarde, então, vamos perceber que nossas rogativas eram inteiramente inoportunas.

85

A NOTÍCIA

Por longo tempo, Raul Contrera presidira a instituição de caridade. Homem de notável tino administrativo, competente e disciplinado, fizera da entidade importante polo de assistência aos necessitados.

Dedicava, diariamente, várias horas à administração da entidade. O serviço era árduo e cheio de incompreensões, mas trabalhava com esmero e carinho. Um dia, porém, começou a pensar com mais intensidade em si mesmo.

Tinha a própria profissão. Assim, abandonou o trabalho singelo na instituição e passou a entregar-se, em período integral, aos próprios interesses. Progrediu. Apanhou fama e admiração.

Depois de muitos anos, teve saudades da instituição a que tanto se dedicara. Resolveu visitá-la. Lá chegando, ficou chocado. Tudo mudara. A entidade decaíra. Desorganizara-se. Foi lhe explicado que, após sua saída, não se conseguiu um voluntário, competente e dedicado como ele, para prosseguir as tarefas no mesmo ritmo. Inúmeros necessitados aguardavam atendimento, mas era impossível assisti-los.

Raul voltou para casa, tomado de tristeza e remorso. À noite, entre preces e meditação, resolveu retomar seu trabalho na entidade. Voltaria com disposição. Trabalharia com afinco para recuperar o tempo perdido. Mal podia esperar o dia amanhecer.

Contudo, no dia seguinte, espalhou-se a notícia infausta. Raul havia morrido durante a noite.

86

O DEBATE

O recinto estava repleto de pessoas. Autoridades, empresários, comerciantes e trabalhadores representavam a comunidade.

O conferencista, renomado administrador, propunha mudanças na economia da região.

Apresentava ideias.

Mostrava números.

Explicava gráficos.

Exibia estatísticas

Defendia pesquisas.

Após longo tempo de exposição, abriu-se o espaço para debate. A princípio, parecia que todos concordavam com a inovação. Alguns cidadãos, porém, levantaram questões e defenderam argumentos contrários.

Terminada a troca de ideias, chegou-se à conclusão de

que o projeto era inviável. O exame desapaixonado e sincero da novidade salvara a região de um desastre.

※

O intercâmbio entre o mundo visível e invisível exige igualmente análise minuciosa e exaustiva.

Informações, notícias e páginas literárias chegam frequentemente através de inúmeros médiuns, mas o exame imparcial das mensagens, à luz da razão e dos princípios espíritas, é a segurança contra o desastre.

87

IRMÃO HUMILDE

Por ser o companheiro mais entusiasmado, Amílcar Correia foi designado, pela diretoria da instituição, para organizar as festividades do jubileu.

Tomou inúmeras providências. Elaborou a programação. Confirmou presenças. Fez a lista de convidados.

Na véspera do acontecimento, reuniu-se com os diretores para relatar suas atividades. Após longo tempo de esclarecimentos e orientações, pediu mais alguns minutos e falou, emocionado:

— Sou simples companheiro nesta casa de trabalho. Dediquei-me a essa tarefa com carinho e ardor pelo prazer de servir. Não desejo uma única palavra de agradecimento. Quero que me vejam como o irmão humilde, sempre pronto a cooperar.

Após abraços e cumprimentos, Amílcar retirou-se, feliz.

No dia da festa, ao iniciar-se a solenidade, o presidente solicitou a presença de várias pessoas para tomar assento a seu lado. Quando percebeu que não fora chamado para compor a mesa da reunião, Amílcar se levantou e, interrompendo a cerimônia, falou bem alto:

— Organizei a festa, e se não posso ter lugar na mesa, então nada mais tenho a fazer aqui.

E, sob o olhar constrangido de todos, virou as costas e saiu, pisando forte.

88

O PIANO

Era um instrumento musical. Piano majestoso, de rara qualidade, mas necessitando de reparos. Por isso, foi conduzido à oficina e, a partir daí, passou por diversas situações.

Separação do móvel.

Tratamento da madeira.

Recuperação das teclas.

Substituição de peças.

Afinação das cordas.

Terminado o conserto e devolvido ao teatro, estava pronto para o serviço. E, quando o pianista começou a tocar, do instrumento saíam notas de altíssima pureza.

O concertista fazia maravilhas com o piano.

Instrumentos de Deus nos caminhos do mundo, também precisamos de renovação.

Dificuldades e incompreensões são algumas das ferramentas, com as quais somos remodelados para o serviço divino. E, quando aceitamos os reparos com humildade e renúncia, o Senhor opera maravilhas, através de nossas mãos, em favor de todas as criaturas.

89

O AUXÍLIO

João Mendonça era pessoa extremamente generosa. Bom coração. Gentil. Desprendido.

Sua bondade era tamanha que, às vezes, beirava a ingenuidade. Dava tudo que lhe pediam, sem maior atenção às reais necessidades de quem lhe requisitava o auxílio.

Pouco valiam as advertências a ele endereçadas por familiares e companheiros, para que examinasse melhor a natureza dos pedidos que lhe chegavam com frequência. João, porém, era incorrigível.

Certa vez, recebeu, em casa, a visita de um rapaz. Pedia-lhe ajuda para prover o sustento da família. O fogão estava vazio. A mulher, doente. Os filhos, em grande necessidade.

João, sem qualquer exame prévio, passou a ampará-lo. Toda semana, entregava-lhe razoável quantia de dinheiro, recomendando que cuidasse bem dos familiares. O rapaz agradecia, e João ficava feliz ao pensar na alegria daquelas crianças.

Depois de muitos meses, durante os quais cumpria religiosamente o acordo com o necessitado, João foi cuidar de negócios em determinado setor da cidade. E qual não foi sua surpresa ao ver o protegido, sentado numa mesa de bar e rodeado de amigos, tocando e cantando, em plena luz do dia. O jovem se assustou ao vê-lo e, após rápidos cumprimentos, saiu apressado.

João soube, então, pelo dono do bar, que o rapaz era solteiro e, nos últimos meses, dizia ganhar na loteria toda semana, gastando sempre em festas e prazeres.

90

Cenário Renovado

A paisagem desoladora se perdia de vista. Manchas de terra nua, quase desértica, alternavam-se com arbustos retorcidos e vegetação rasteira.

Um dia, porém, apareceu alguém interessado em renovar.

Correção do solo.

Tratamento da terra.

Irrigação adequada.

Combate às pragas.

Nova sementeira.

Após algum tempo, o quadro desolador de antes fora substituído por paisagem sadia e exuberante.

Nosso aspecto espiritual não é muito diferente daquele cenário desanimador, onde a caridade é quase um deserto; e o amor ao próximo, um campo empobrecido.

Contudo, Jesus surge em nossas vidas como o Sublime Renovador e nos oferta as sementes do Evangelho, para que as plantemos em nós mesmos e transformemos a paisagem desoladora do mal no quadro florido do bem, sob as bênçãos de Deus.

91

A RECORDAÇÃO

Genebaldo Mancini era homem de notável saber. Versado em ciências e dotado de exuberante cultura geral, conhecia as explicações espíritas acerca do ser, do destino e da dor. Contudo, era-lhe difícil aceitar a sobrevivência da alma. Queria acreditar, mas não podia. Seu raciocínio rejeitava qualquer ideia sobre o assunto.

Quando foi acometido de doença grave e sentiu que o fim de seus dias não tardaria, a angústia aumentou consideravelmente. O que aconteceria após o término das funções orgânicas? Seria, o sono eterno, sem emoções como sempre imaginara? Ou a vida continuaria, palpitante, como apregoava a teoria espírita? Não tinha a resposta.

Um dia, porém, quando a enfermidade se agravou sobremaneira, com risco iminente de morte, Genebaldo se lembrou da mãe. E, como se não pudesse controlar a própria mente, foi inundado por recordações de toda a sua vida. Fixou-se, particularmente, num episódio de infância, quando a ternura maternal lhe ensinara, pela primeira vez, a observação da Natureza e assistira ao nascimento de uma borboleta. Acompanhara-lhe todos os passos. Os movimentos iniciais da larva. Depois, sua morte aparente, envolvida pelo casulo tumular. E, finalmente, a libertação da crisálida, voejando no espaço aberto.

A recordação tão nítida em sua memória e a singeleza com que a verdade lhe era apresentada fizeram-no chorar de emoção. Compreendia, agora, no instante final, a explicação que procurara a vida inteira. A morte significava apenas a liberdade do Espírito, enclausurado no corpo.

Genebaldo meditava nestes acontecimentos, quando sentiu delicado toque na fronte. Abriu os olhos enevoados de lágrimas e viu, com surpresa e alegria, a presença da mãe a seu lado, dizendo com voz carinhosa:

— Venha, meu filho. Liberte-se de seu casulo.

92

Escalada

A montanha, alta e íngreme, era permanente desafio. Inúmeros alpinistas tentavam a escalada com equipamento adequado, superando diversos obstáculos.

Deslizamentos.
Pedras soltas.
Paredões verticais.
Passagens difíceis.
Ventos fortes.

Entretanto, após longo tempo de esforço e trabalho, alcançaram o cume, hasteando a bandeira da vitória.

Na jornada evolutiva, a situação é a mesma.

O Evangelho de Jesus é o equipamento sublime para escalarmos a montanha do bem, e nossas tendências inferiores são os obstáculos que temos de vencer.

Contudo, tal como ocorre com alpinistas, não chegaremos lá apenas com as asas da fantasia.

93

O ORADOR

doutor Alberto Fontana era orador muito conhecido e competente. Grande cultura... Enorme conhecimento evangélico. Discurso fluente.

Naquela noite, terminava uma de suas inúmeras conferências que regularmente dava em cidades do interior. Afirmava, apaixonado:

— A paz e a felicidade passam inevitavelmente pelo bem... Não se pode chegar ao Senhor senão através do semelhante... A caridade é o elo sublime que liga, num só fio, o amor a Deus e o amor ao próximo...

Terminada a palestra, a assistência estava em lágrimas. Aplausos. Abraços. Cumprimentos.

No encontro amistoso que logo se seguiu, o doutor Alberto, entre uma prosa e outra, foi abordado por um homem de aspecto triste e emagrecido, que lhe dirigiu a palavra, respeitosamente:

—Venho apelar a sua bondade. Estou muito doente e preciso de algum dinheiro para o remédio. Espero contar com sua ajuda.

O orador, de rosto contrafeito, aproximou-se bem do recém-chegado e, olhando para os lados, certo de que não seria ouvido, falou baixinho:

—Vá embora. Isto aqui é uma reunião muito importante. Você está atrapalhando.

E, afastando-se do pobre homem, voltou a sorrir e conversar como se nada tivesse acontecido.

94

ÁRDUA BATALHA

O incêndio irrompera com grande violência, e logo os bombeiros travavam árdua batalha, entrando e saindo do prédio iluminado pelo fogo.

Retiravam sobreviventes.

Enfrentavam a fumaça.

Extinguiam as chamas.

Resfriavam paredes.

Evitavam desastres.

Um bombeiro, porém, durante todo o tempo, permaneceu à distância, amedrontado diante da luta e o fracasso em seu trabalho lhe custou amargas consequências.

Isto também ocorre no compromisso com o Evangelho.

Enquanto inúmeros companheiros trabalham para estabelecer o Reino de Deus no mundo, muitos discípulos permanecem afastados, à margem do caminho, com receio das dificuldades e provações.

Entretanto, mais tarde, tal atitude resultará, sem dúvida, em novas ocasiões de lágrimas e suor.

95

O AVISO

Valdira Bentevi tivera um dia exaustivo de trabalho. Além das lides profissionais, fora também à instituição de assistência, onde prestara colaboração amorosa no atendimento aos necessitados.

Por isso, naquela noite de sexta-feira, deitou-se mais cedo. Programara, para o final de semana, uma visita a casal de amigos em fazenda próxima. Viajaria logo pela manhã.

Como era costume, antes de dormir, abriu o Evangelho. Leu um tópico. Meditou alguns minutos. Depois, começou a orar.

Quando terminou a prece, percebeu agradável sensação invadindo-lhe o corpo cansado. Não dormia ainda, mas parecia que sonhava. A figura de uma senhora de meia-idade, antiga assistida da instituição, de quem cuidara com zelo e carinho durante longa enfermidade, surgiu-lhe à frente, falando com indisfarçável apreensão:

— Cuidado, dona Valdira. Vá à oficina.

A visão durou apenas alguns segundos, seguindo-se de profundo sono.

Só no dia seguinte, Valdira se lembrou do ocorrido e, antes de viajar, passou pela oficina mecânica para uma vistoria no carro.

Descobriu-se, então, extenso defeito num pneu dianteiro, que sem dúvida estouraria durante a viagem, provocando grave desastre.

O aviso lhe salvara a vida.

96

A EPIDEMIA

A epidemia atacou impiedosamente a população da cidade

Febre.

Mal-estar.

Tremores.

Desfalecimentos.

Inúmeras mortes.

O médico trabalhava ativamente dia e noite. Atendia doentes em casa e hospitalizava os pacientes mais graves, dedicando tempo integral ao socorro e alívio de todos, sem medir esforço e cansaço.

Um dia, porém, foi acometido da doença de maneira fulminante, expirando em poucos dias.

A cidade inteira chorou a morte de seu benfeitor. Entretanto, algumas pessoas maliciosas comentavam com ironia que o médico salvara a muitos, e não pudera salvar a si mesmo.

Em outras circunstâncias, ocorre a mesma situação. O discípulo sincero de Jesus vive em função do bem de todos, esquecido de si mesmo.

Contudo, quando tem de enfrentar problemas e dificuldades, sob o peso de provações dolorosas, a voz maliciosa de muitos se faz ouvir, provocando que se salve a si mesmo.

97

DIFICULDADES EM CASA

João Madureira interpretava com maestria as passagens evangélicas. Palavra clara. Raciocínio firme. Conclusões lógicas.

Em certa reunião de estudos, tocou-lhe discorrer sobre difícil trecho do Evangelho. João maravilhava a todos com seu verbo fácil e, a certa altura, ponderou com inteligência:

— Jesus nos afirmou ser impossível colher uvas dos abrolhos. Contudo, o Mestre Amigo ensinou a transformar os espinheiros em vinhedos férteis. Falou da tolerância e da caridade. Exaltou a compreensão e a esperança. Exemplificou a renúncia e o sacrifício. Portanto, saibamos nos conduzir diante das dificuldades naturais da vida. Esperemos. Compreendamos. Suportemos. Trabalhemos com amor. Cultivemos esforço e perseverança, até que a pedra dura do mal ceda à água mole do bem.

E, assim, de afirmação em afirmação, arrancava de todos exclamações de apoio.

Terminados os estudos, João foi para casa e lá encontrou um clima de guerra. O filho mais velho discutia com a mãe. Há muito que o rapaz, rebelde, dava-lhe trabalho.

João carregou a fisionomia. Mandou que o garoto calasse a boca. Disparou uma saraivada de acusações. E, por fim, embora os apelos aflitos da esposa, atracou-se com o filho, surrando-o sem dó.

Na reunião, há pouco, o comentarista brilhante do Evangelho ensinara como superar obstáculos.

Em casa, porém, foi como se viu.

98

NEGÓCIO FÁCIL

O homem de negócios chegou à cidade, procurando sócios para um grande empreendimento.

Ideias entusiásticas.

Projetos inovadores.

Lucros com rapidez.

Facilidades enormes.

Enriquecimento rápido.

Inúmeras pessoas se interessaram em busca de vantagens pessoais. Aplicaram economias, venderam bens, fizeram empréstimos vultosos, hipotecaram propriedades.

Contudo, meses depois, o empreendimento fracassou e se descobriu que o homem era apenas um aventureiro, que nunca tivera sucesso nas próprias empresas.

O que parecia um negócio fácil se transformou em grande prejuízo.

Isto também ocorre na seara do Evangelho. Falsos profetas aparecem, prometendo um céu de facilidades em troca de benesses e óbolos

Entretanto, com o tempo, o discípulo sincero de Jesus vai aprendendo que o caminho da evolução não é um negócio fácil. Ao contrário, é o empreendimento do Calvário e da Cruz, que requer sempre trabalho e esforço, sacrifício e resignação.

99

A FALHA

*J*ustino Macieira era muito positivo. Homem direito. Cumpridor do dever. Exigente com as obrigações.

Quase sempre, no entanto, estendia essa exigência também aos outros. Não suportava falhas.

Conhecia o Evangelho. Sabia da necessidade do perdão recíproco na convivência diária. Apesar disso, porém, era implacável no julgamento das atitudes alheias.

Muitas vezes, era advertido, pela esposa, da impropriedade de seu comportamento. Contudo, não se corrigia.

Há longo tempo, ocupava o cargo de tesoureiro da instituição. Sua conduta era exemplar. O serviço, organizado.

Quando, porém, em certa ocasião de acerto de contas, surgiu pequena diferença no caixa, o tesoureiro ficou possesso. Não admitia erros. Debitou a falha aos companheiros de trabalho. Exigiu reunião de diretoria para apurar responsabilidades. Na oportunidade, debruçou-se sobre o livro de anotações e descobriu, extremamente constrangido, que ele próprio cometera o engano.

Justino, que não perdoava o erro de ninguém, agora precisava da compreensão de todos para a própria falha.

100

O CHARCO

 local mostrava realmente calma imperturbável. Era um charco, onde a paz se confundia com a inutilidade e o perigo.

Nenhum barulho.

Lama malcheirosa.

Répteis peçonhentos.

Insetos nocivos.

Um dia, porém, a situação mudou. O silêncio de morte foi substituído por sinais de vida e progresso. Apareceram engenheiros ativos, operários dispostos e máquinas barulhentas.

O charco foi drenado, transformando-se em vasta extensão de terra fértil, onde todos passaram a viver na paz do trabalho útil, produzindo riquezas.

A calma do mundo, muitas vezes, é aparente e se confunde com a indiferença, a ociosidade, o tédio.

Entretanto, Jesus chega e convida ao trabalho do Evangelho, ofertando-nos a oportunidade do sentimento nobre e da renovação íntima, a fim de que transformemos o charco de nossas inferioridades em solo fértil de realizações espirituais, onde reina a verdadeira paz.

101

OPINIÃO ESPIRITUAL

Marciano Guerreiro, na reunião de estudos, falava com inteligência e conhecimento a respeito do intercâmbio com o mundo invisível. Entre outras coisas, dizia:

— Evitemos buscar a orientação espiritual para assuntos que nós mesmos podemos resolver. Por que ocupar os Benfeitores Amigos por um simples mal-estar, quando temos, cá no mundo, médicos e remédios? Por que exigir deles soluções prontas às nossas dificuldades, quando o Senhor nos concedeu o Evangelho e a capacidade de pensar e escolher? Por que interrogá-los sobre questões de somenos importância?

Encerrados os estudos, Marciano, que era o presidente da instituição, reuniu a diretoria para resolver alguns problemas relativos à assistência fraterna.

A discussão girava em torno da reforma da cozinha, onde se preparava a sopa aos irmãos necessitados. Quando se tratou a respeito do fogão, surgiu o impasse. Opiniões contrárias. Ânimos exaltados.

No momento em que o clima se tornou mais tenso, o presidente interrompeu os debates e sentenciou, enfático:

— Como o assunto está muito confuso, sugiro que ouçamos os amigos espirituais.

A frase caiu como um jato de água fria. Todos se calaram e trocaram olhares surpresos. Marciano, então, caiu em si, pois há pouco fizera belo arrazoado sobre a orientação espiritual e agora queria uma opinião dos Espíritos, para saber se o fogão da assistência seria a gás ou à lenha.

102

O GARIMPEIRO

Por longo tempo, o garimpeiro procurou a pedra preciosa.

Superou os obstáculos.

Resistiu às intempéries.

Enfrentou os perigos.

Afastou o desespero.

Insistiu sempre.

Por anos a fio, repetiu diariamente a mesma tarefa e, ao fim de cada período de trabalho, colhia apenas suor e esperança.

Até que, um dia, encontrou uma pedra tão preciosa que superou a própria expectativa.

A tarefa do discípulo do Evangelho é muito semelhante à faina do garimpeiro.

Procura sempre a riqueza de ser útil, trabalhando com afinco, afastando as pedras inúteis da ingratidão e superando o desânimo.

Até que, um dia, encontra a pedra preciosa do bem na forma de paz e realização íntima.

103

PASSEIO NA PRAÇA

— ara que meditar? Por que se ausentar do movimento esfuziante da vida? Só para pensar? Não posso admitir isso.

Era assim que Joaquim Pedro respondia ao companheiro Lázaro Serra.

O amigo, contudo, retrucava, sereno e sem perda de tempo:

— Meditação é o encontro com a própria alma. É abandonar a planície da atividade material para subir ao monte do exercício espiritual. O cotidiano é repleto de preocupações e desencontros, caprichos e aflições. É preciso reservar algum tempo ao silêncio dentro de nós mesmos, a fim de que nos encontremos com os valores mais altos do pensamento.

Ambos passeavam na praça, aproveitando o frescor da tarde em final de dia. A discussão continuava, enquanto caminhavam vagarosamente pelas alamedas, até que observaram uma aglomeração. Inúmeras pessoas admiravam uma ave diferente, estranha à região. Alguém explicava que era um pássaro em migração. Fugia das terras geladas para as zonas mais quentes dos trópicos.

Ao ouvir a explicação, Lázaro teve repentina ideia e falou ao amigo:

— Veja, Joaquim, como a Natureza é sábia, porque obedece às leis divinas. Os pássaros abandonam o inverno rigoroso, procurando a luz e o calor do sol em outras plagas. Meditar também é migrar, quando fugimos ao vento gélido das preocupações materiais, para buscar a iluminação e o aquecimento de nossa intimidade, no contato com os planos mais elevados da vida. Se os pássaros não migrassem, morreriam de frio e fome. Também nós, se não nos refugiarmos no clima aconchegante da reflexão, estaremos fadados ao congelamento e inanição do espírito, sufocado pelos desencontros e superfluidades do caminho. A meditação aquece e alimenta nosso mundo interior.

Após ouvir as considerações do companheiro, Joaquim se calou e prosseguiu o passeio, pensativo, muito pensativo.

104

ALEGRIA DO CRISTÃO

Logo no início da noite, o médico foi chamado às pressas. A criança estava febril e a infecção era bastante grave.
Pele quente
Prostração.
Arrepios.
Tremores.
Convulsões.
Providências imediatas foram tomadas, e o médico velou, durante toda a noite, à cabeceira do pequeno enfermo, trabalhando arduamente para lhe salvar a vida.

Pela manhã, a infecção estava sob controle. Os familiares mostravam alívio, e o médico, alegria pelos resultados atingidos.

A alegria do cristão também é assim. Silenciosa e anônima, está alicerçada no dever retamente cumprido, segundo a lei da caridade.

105

O GUARDA-CHUVA

Teodoro Matias argumentava bem no trabalho de esclarecimento espiritual... Era, sem dúvida, bom doutrinador. Palavra firme. Raciocínio claro. Por isso, era sempre procurado por irmãos necessitados de aconselhamento. Conversava e convencia.

Em determinada ocasião, após os estudos habituais da noite, foi abordado por companheiro aflito. Precisava de orientação. Teodoro se dispôs a atendê-lo imediatamente e, após longo diálogo, arrematou com ênfase:

— Meu irmão, tolerância é remédio sagrado. Irritação, veneno terrível. Diante de qualquer contratempo, tenhamos paciência. A boa solução só nos chega pelas asas do entendimento e da calma.

Terminada a conversa, chovia grosso lá fora. Teodoro se despediu de todos e buscou o guarda-chuva que trouxera. Não achou. Procurou por todo o prédio, mas nada. Irritou-se. Esbravejou. Referiu-se a ladrões. Só depois de algum tempo, lembrou-se de que o havia deixado no carro.

O doutrinador ficou envergonhado, pois fizera todo aquele escândalo alguns minutos depois de ter passado a alguém importante ensinamento.

Entretanto, não guardara, para si mesmo, a preciosa lição.

106

ATITUDE IMPENSADA

 jovem passeava pela rua com despreocupação. Era muito conhecido no bairro por sua valentia e estava sempre envolvido em desentendimentos.

Fisionomia arrogante.

Semblante carregado.

Temperamento agressivo.

Gosto pela violência.

Frustração fácil.

Quando chegou à avenida principal, em hora de grande movimento, alguém lhe pisou no pé, involuntariamente. Foi o bastante para que o rapaz se exaltasse

Não lhe adiantaram as desculpas do transeunte. Pronunciou palavras ásperas, provocou outras pessoas e logo se meteu em tremenda rixa.

Quando, mais tarde, foi chamado a explicar-se perante

as autoridades, alegou que tivera a tentação de brigar, porque fora provocado.

Muitas vezes, justificamos nossas atitudes impensadas, alegando as tentações do mundo. Contudo, as tentações somente funcionam quando existe dentro de nós o desejo de assumi-las.

107

O AGUILHÃO

Violeta Mendonça tinha frequentes problemas de saúde. Infecções repetidas. Dores generalizadas. Abatimento.

Era afável e comunicativa. Aspecto tristonho, mas atenciosa. Companheira de valor na assistência aos necessitados.

Mesmo adoentada, trabalhava com afinco. Quando, porém, surgiam as melhoras, ia rareando a presença, até que desaparecia por algum tempo. Retornava, depois, sempre lamentando algum achaque e, novamente, entregava-se às tarefas com vontade e dedicação.

Como as crises se tornassem cada vez mais frequentes, e os recursos médicos já estivessem esgotados, a enferma resolveu solicitar orientação espiritual.

No dia aprazado, a mensagem veio e, em resumo, dizia o seguinte: "Minha filha, agradece a enfermidade que trazes, pois ela te conduz ao serviço do bem. Quando puderes trabalhar com Jesus sem o aguilhão da doença, sentirás grande alívio".

Violeta leu a orientação com lágrimas nos olhos e a guardou cuidadosamente na bolsa, sem mostrar a ninguém.

Contudo, a partir daí, dedicou-se com amor e constância ao trabalho em favor do próximo e nunca mais se queixou de doenças.

108

O ENGENHEIRO

O engenheiro chegou à cidade sem qualquer alarde. Viera para inspecionar grande represa e logo se entregou ao trabalho. Examinou com atenção e descobriu inúmeras falhas.

Construção irregular.

Rachaduras perigosas.

Vazão inadequada.

Materiais inferiores.

Estrutura defeituosa.

Propôs, então, reparos e providências. Como o engenheiro não representasse qualquer órgão oficial, desconheceram-lhe as conclusões.

Contudo, algumas semanas depois, a represa se rompeu, causando estragos e prejuízos em toda a região.

Muitas vezes, recusamos grandes verdades, porque somente nos chegam de forma simples, sem a chancela mundana.

A maior de todas aconteceu na longínqua e singela Galileia, pois Jesus não falava em nome do Templo nem de César e, no entanto, transformou o mundo.

109

O ESMERIL

Jonas Boaventura se queixava da vida. Estava tristonho. Cabisbaixo. Frustrado.

Caminhava ao lado de Alcides, amigo de muitos anos. Demandavam certo endereço – uma oficina mecânica, onde tinham compromissos.

Jonas dizia:

– Estou perdendo a fé. Há muito tenho orado a Deus, suplicando que minha vida melhore. No entanto, só encontro dificuldades no caminho. Problemas e preocupações são minhas companhias constantes. Estou desiludido. Desanimado.

Alcides ouvia o desabafo do amigo com atenção e respondia calmamente:

– Não podemos submeter os princípios da fé aos caprichos pessoais. Deus é infinitamente bom e justo. Favorece-nos com a dor como instrumento de renovação espiritual. Cada um tem na vida o sofrimento de que precisa.

Quando chegaram à oficina, o profissional trabalhava no esmeril, acertando uma peça. Barulho estridente. Faíscas brilhantes. Ao observar o trabalho do mecânico, Alcides chamou a atenção do companheiro e falou, entusiasmado:

— Veja este quadro. A peça sofre a tortura do preparo para que se ajuste à engrenagem e a máquina funcione com precisão. É isto que acontece conosco. A vida é grande oficina, e as provações são a oportunidade para que nos aperfeiçoemos para a vida eterna.

Jonas acolheu a explicação com um sorriso e comentou:

— É, acho que sou uma peça precisando de muito esmeril.

Daí por diante, toda vez que ia se queixar da vida, lembrava-se do amigo e da oficina mecânica.

110

Corrigenda

A criança estava ainda totalmente entregue às brincadeiras. Quando, porém, foi convocada pelos pais aos deveres da escola, resistiu aos novos compromissos

Pouco valeram os conselhos carinhosos. Pais e mestres, então, tomaram medidas enérgicas.

Advertência.

Suspensão.

Corrigenda.

Passeio raro.

Lazer controlado.

Entretanto, a vida dedicada às obrigações realizou prodígios. A criança se acostumou ao estudo e à disciplina. No final do ano, superou todas as deficiências e mereceu aprovação escolar.

Crianças ainda diante da Eternidade, isto também ocorre conosco. Recebemos do Senhor, na escola da evolução, todo o apoio ao progresso espiritual, mas quando somos intimados ao trabalho, negligenciamos os compromissos assumidos.

Surge, porém, o dia em que nos chega a corrigenda, através de provações dolorosas, obrigações inúmeras, enfermidades e dor.

Contudo, a aceitação da vontade de Deus com dedicação à disciplina e ao dever nos acostuma ao serviço do bem e, mais adiante, no caminho reto, encontramos a alegria e a esperança, a paz e o amor.

111

A NOITADA

Bernardino Souza era orador muito admirado. Fluência. Imagens expressivas. Argumentos sólidos.

Certo dia, terminava uma palestra e, referindo-se aos pregadores da Boa Nova, dizia com ênfase:

— Somos intérpretes do Evangelho. Dirigimos ao mundo a palavra de Jesus, e não podemos cometer leviandades. A aproximação com o Mestre Divino nos cobre de bênçãos, paz e esperança. Entretanto, essa proximidade implica também em trabalho e sacrifício. Sejamos prudentes, comedidos e responsáveis. O discípulo do Senhor tem de exemplificar sempre as ideias que apregoa.

Contudo, encerrada a reunião e após as despedidas, Bernardino rumou para conhecido clube da cidade e se entregou a uma noitada de prazeres e destemperos, envolvendo-se em confusão.

No dia seguinte, o orador, que havia ensinado no templo, estava detido pelas autoridades para dar explicações a respeito de seu comportamento.

112

AS LUMINÁRIAS

O Sol se pôs no horizonte e se acenderam as luminárias dos postes. Quando a noite desceu com seu manto escuro, as lâmpadas eram focos luminosos, espalhados pelas ruas e praças.

Enfeitavam a cidade.

Clareavam o caminho.

Orientavam as pessoas.

Permitiam a leitura.

Garantiam a segurança.

Logo, porém, receberam a agressão de nuvens de insetos. Voavam em grande número e pousavam na superfície brilhante das lâmpadas, mas elas continuavam a iluminar, indiferentes ao ataque.

Surgiram, então, as gotas de chuva, e os insetos desapareceram.

Tal episódio nos fala muito a respeito da seara do Evangelho.

Os discípulos sinceros de Jesus são pontos luminosos espalhados pelo mundo, mas recebem o ataque das mentes inferiores. São molestados e agredidos, enquanto cumprem a tarefa da iluminação.

Contudo, eis que surge do Alto a chuva de bênçãos que lhes banha a alma com as gotas límpidas da fé e da esperança a fim de que prossigam amando e servindo o próximo, em nome do Cristo.

PRECE OPORTUNA

O doutor Fábio Dantas não admitia ficar anônimo em nenhuma circunstância.

No dia que se inaugurava o novo prédio da instituição, rodeado de companheiros, ele fazia seu discurso particular:

— Estes tijolos são excelentes, eu mesmo os escolhi. Optei pelo cimento de melhor marca. A areia é puríssima, fui buscá-la muito longe. As janelas são de material superior, não deixei por menos. A madeira é da mais alta qualidade, foi selecionada a dedo.

Nesse momento, Divino, companheiro humilde e sensato, interrompeu o autoelogio do amigo e convidou a todos a uma prece. De maneira simples, começou a orar:

— Senhor Deus, agradecemos vossa misericórdia. Somos gratos, Senhor, pelo barro dos tijolos, pelos minerais do cimento, pela areia que colocastes nos rios, pela árvore que nos cedeu a madeira, pelos elementos que forjaram o metal de nossas janelas. E, sobretudo, Senhor, pela oportunidade de distribuirmos o bem, pois somos apenas instrumentos de vossa infinita bondade.

Terminada a prece, enorme silêncio caiu sobre o ambiente. Todos compreenderam a mensagem do companheiro e, a partir daquele instante, o doutor Fábio parou de contar vantagens.

114

O PREPARO

 atleta treinava diariamente com vontade e disciplina.

Corridas prolongadas.

Evoluções nas barras.

Arremesso de pesos.

Ginástica intensiva.

Exercícios respiratórios.

Por muito tempo, o atleta se entregou ao preparo físico e, quando chegou o momento da competição, teve fôlego para vencer inúmeras provas.

Também na vida é preciso fazer o preparo espiritual, entregando-se ao exercício da caridade e amor ao próximo, humildade, compreensão e trabalho útil.

Cuidemos de nós mesmos com os recursos do Evangelho e estejamos sempre prontos para as provas necessárias, a fim de vencê-las como autênticos seguidores do Cristo.

115

A MENSAGEM

Gilda Loureiro começara importante obra assistencial. Localizada em bairro populoso e carente, a instituição logo se tornou valoroso apoio a inúmeras famílias.

Entretanto, as dificuldades eram muitas, e a ajuda, pouca. Com o tempo e as necessidades se avolumando, a ideia de encerrar as atividades do núcleo de assistência começou a germinar em sua mente.

Certa noite, após a leitura do Evangelho e as preces habituais, a dedicada benfeitora entrou a meditar na difícil situação, até que adormeceu. Viu-se, então, debaixo de forte chuva, diante de uma casa inacabada. Paredes incompletas. Ausência de janelas. Telhado inexistente. Lá dentro, numerosa família tentava inutilmente resguardar-se do aguaceiro.

Nesse momento, despertou. O sonho ainda lhe martelava a cabeça. Aquela casa, construída pela metade, era inútil. Compreendeu, então, o significado da mensagem. Tinha de continuar, não podia abandonar o serviço pelo meio. Era deixar muita gente ao desamparo.

No dia seguinte, Gilda amanheceu otimista e saiu de casa disposta a lutar sem tréguas por sua instituição de caridade.

116

DIAGNÓSTICO

Quando o médico examinou o cliente, notou grandes alterações.

Palidez.

Fraqueza.

Desânimo.

Cansaço fácil.

Emagrecimento.

Diagnosticada grave anemia, imediatas providências foram tomadas. Aliviada a urgência, instituiu-se rigoroso tratamento da causa, com esclarecimentos quanto à prevenção de novos episódios.

Após algum tempo, o paciente estava corado e completamente restabelecido.

Somos, em certas circunstâncias, acometidos de intensa anemia espiritual.

Buscamos, então, o ensinamento do Evangelho, que nos ajuda a diagnosticar o desajuste íntimo, recebendo a medicação bondosa de Jesus.

E restabelecidos na harmonia interior, aprendemos a nos prevenir de novas quedas com a perseverança no bem e o cultivo do amor ao próximo.

O CONTO

Justino Dias vivia planejando escrever um grande livro. Obra importante. Romance que ficasse na memória de todos. Entretanto, apesar de inúmeras tentativas, chegara a produzir somente pequenos contos. Casos simples. Histórias curtas.

Possuía formação filosófica elevada. Manejava bem as palavras. Sua inspiração se nutria na fonte do bem e da renovação íntima, exaltando sempre o amor, a fé e a esperança. Não conseguira ainda fazer um livro. Escrevia para revistas. Publicava em jornais.

Certo dia, acabrunhado pela ideia de fracasso como escritor, recebeu longa carta. Remetente desconhecido. A certa altura, o missivista dizia assim: "Li seu conto, publicado na semana passada. O assunto era exatamente o problema que me perturba há meses, e o desfecho do enredo me deu a solução buscada há muito tempo. Quero confessar que seu escrito transformou minha vida. O senhor plantou uma semente de luz em meu coração, que agora já começa a germinar. Estou tranquilo e feliz. Deus o abençoe sempre."

Justino acabou de ler a carta com lágrimas nos olhos. Para ficar na memória de alguém, beneficiado por seu trabalho como escritor, não precisou escrever um grande romance.

118

A FORMATURA

Era o dia da formatura. Na hora da cerimônia principal, cada aluno era chamado para receber o diploma diante da mesa composta de professores e autoridades.

Jovens satisfeitos.

Familiares alegres.

Cenário iluminado.

Convidados presentes.

Aplausos e discursos.

Entretanto, algum tempo depois, somente poucos diplomados receberam aprovação em rigoroso concurso, para trabalho sério e correto.

A formatura não capacitara a todos de igual modo e apenas os que mais aproveitaram os ensinamentos do curso é que venceram.

Isto nos lembra certas adesões religiosas, revestidas de intenso brilho exterior.

Contudo, uma simples cerimônia não garante fidelidade à ideia, e o tempo mostra que o verdadeiro encontro com Deus só acontece com a renovação íntima, conforme as lições do Evangelho.

A PEDRA

Juventino Silveira tinha frequentes crises de mau humor. Era esposo dedicado, pai extremoso e bom companheiro, mas perdia o controle quando se irritava.

— É meu fígado — justificava-se.

Os amigos já lhe conheciam as desculpas. O corpo físico era sempre o responsável por seu nervosismo.

Certo dia, na instituição, cooperava na assistência aos necessitados. Inúmeras crianças brincavam enquanto aguardavam a distribuição de confeitos e, de repente, uma pedra lhe acertou as costas. Juventino ficou furioso. Identificou o menino responsável pela pedrada e queria surrá-lo de qualquer maneira.

Amândio, porém, um dos amigos mais íntimos, interferiu, falando de propósito com a voz bem alta:

— Calma, Juventino, não foi a criança.

Calou-se um instante e, para surpresa dos que testemunharam o ocorrido, acrescentou:

— Foi a pedra.

Quando todos compreenderam o objetivo do companheiro, caíram na gargalhada. Juventino entendeu a referência que lhe era destinada e, a partir daí, evitava culpar o fígado por suas crises nervosas.

120

RECUPERAÇÃO

Na oficina, o veículo apresentava aspecto desolador.
Pintura descascada.
Estofamento rasgado.
Vidros quebrados.
Lataria amassada.
Defeitos mecânicos.

O proprietário esperou com paciência o trabalho de recuperação quando foram utilizados vários recursos. O esforço compensou e, depois de certo tempo, o carro estava totalmente reformado.

Em virtude de nossas muitas imperfeições, somos como o veículo de aspecto desanimador.

Contudo, o Senhor espera pacientemente que utilizemos os recursos do Evangelho para a recuperação necessária. É grande a tarefa, mas lá adiante compreenderemos que o esforço não foi em vão.

121

INTERCESSÃO

Jordelino Sena fazia habitualmente suas preces. Naquela noite, porém, orava diferente. Tinha o coração tomado de angústia. Sonhos e planos de muitos anos se haviam desfeito como água de cachoeira.

Estava apreensivo, tristonho. Durante toda a vida, ensinara aos filhos o respeito e o amor, mas Ivaldo, o mais velho, havia-se desentendido com a mãe. Revoltara-se. Resolvera abandonar a casa logo de manhãzinha. Era moço bom. Coração amigo. Por isso, seu comportamento era incompreensível.

Jordelino relembrava os fatos e chorava copiosamente. Orava a Jesus com fervor, pedindo o amparo de benfeitores espirituais em favor do filho. Que ele mudasse de ideia. Que recuasse da decisão. E, assim, embalado pela dor da separação prestes a acontecer, manteve-se em oração, por longo tempo, com a imagem do filho fixada na mente.

Na manhã seguinte, bem cedo, Ivaldo procurou os pais.

Beijou a mãe, pediu perdão pelos acontecimentos do dia anterior e, abraçando-se a ambos, balbuciou, emocionado:

— Não quero ir embora.

Jordelino exultou e, agradecendo ao Alto as mudanças ocorridas, falou, sorridente:

— Graças a Deus, meu filho, graças a Deus.

A prece sincera do pai atingira, pelas bênçãos da intercessão, a alma receptiva do filho.

122

O JOVEM

jovem fazia insistentes pedidos ao pai.

Dirigir sem habilitação.

Noitadas de prazeres.

Compras exageradas.

Fuga aos deveres.

Excursões inoportunas.

Apesar da revolta do adolescente, o pai lhe negava as petições descabidas. Algum tempo depois, porém, o rapaz, mais amadurecido, mudou a natureza dos pedidos.

E quando pediu ao pai permissão para trabalhar com ele em objetivos comuns, a solicitação foi prontamente atendida.

Muitas vezes, rogamos a Deus o que é inconveniente à

evolução espiritual. O Senhor, contudo, aguarda com paciência nosso amadurecimento.

E quando solicitamos, em nossas preces, o trabalho útil e a fortaleza interior diante dos sofrimentos naturais do caminho, então, nosso pedido é imediatamente aceito, a nosso benefício e de todos.

123

AJUDA PROVIDENCIAL

— Não aguento mais. Não posso continuar.

Joaquim Marciano desabafava, quase em prantos. Há algum tempo, fundara uma instituição de assistência a crianças menos favorecidas. Trabalhava muito. Lutava com enormes dificuldades para sustentá-la. Os recursos nem sempre chegavam para todas as despesas.

Naqueles dias a situação piorara. Estava aflito. Prestes a desistir. A esposa, porém, dizia-lhe com carinho e firmeza.

— Não vamos nos desesperar, Confiemos em Deus. O bem sempre recebe apoio do Alto.

E, assim, dia após dia, a entidade ia se mantendo à custa de muito suor e lágrimas. As crises financeiras se repetiam com frequência.

Até que, certa tarde, Joaquim recebeu, em casa, a visita de um desconhecido. Após os cumprimentos, o recém-chegado se explicou:

— Sou de São Paulo e aqui estou em nome de um amigo da capital. Sabendo que o senhor dirige uma instituição de amparo às crianças necessitadas, pediu-me que lhe entregasse esta encomenda.

O dirigente da obra assistencial abriu o envelope e leu emocionante e longa carta, em que o novo benfeitor se prontificava a ajudá-lo em suas tarefas. Joaquim sorriu e, levantando-se, deu efusivo abraço no visitante, portador de tamanhas esperanças e alegrias.

A carta estava acompanhada de um cheque, cujo valor era suficiente para as despesas da instituição por bastante tempo.

124

COM JESUS

 jovem estudante era muito diferente dos colegas. Cumpria rigorosamente os deveres, respeitava os professores, não participava de algazarra.

Por isso, na saída das aulas era duramente criticado pelos outros.

Provocações.

Zombarias.

Apelidos.

Pilhérias.

Gracejos.

A consciência das próprias obrigações e a seriedade de seus propósitos lhe causavam sofrimento e incompreensões. Na avaliação final, porém, seu esforço foi compensado, recebendo cumprimentos e aplausos de pais e mestres.

Tal ocorre com o discípulo do Evangelho, seriamente empenhado na conduta cristã. É criticado quando muda de vida e vivencia o amor ao próximo.

Contudo, embora as dificuldades inúmeras e acima de todas as críticas e sarcasmos, o que realmente conta é a aprovação de Jesus, sustentando-nos na tarefa redentora.

Leia também as outras obras da série 'Histórias da Vida" de **Antônio Baduy Filho** pelos Espíritos Hilário Silva e Valérium

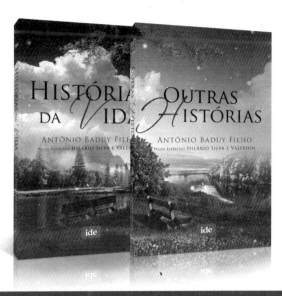

Conheça mais sobre a Doutrina Espírita através das obras de **Allan Kardec**

www.ideeditora.com.br

ideeditora.com.br

Acesse e cadastre-se para receber
informações sobre nossos lançamentos.

twitter.com/ideeditora
facebook.com/ide.editora
editorial@ideeditora.com.br

ide

IDE EDITORA É APENAS UM NOME FANTASIA UTILIZADO PELO INSTITUTO DE DIFUSÃO ESPÍRITA, ENTIDADE SEM FINS LUCRATIVOS, QUE PROMOVE EXTENSO PROGRAMA DE ASSISTÊNCIA SOCIAL, E QUE DETÉM OS DIREITOS AUTORAIS DESTA OBRA.